눈으로 보고
마음으로 걷다

김숙자

박영사

저는 어렸을 적부터 일기를 쓰고 특이한 사물이나 사건 등에 관한 제 스스로의 견해를 기록하는 습성이 몸에 배어 있습니다. 대학에 입학하여 본격적으로 전공 공부를 시작할 즈음 병명조차도 알수 없는 불치의 병으로 나이 서른도 살기 어려울 것이라는 선고를 받았을 때에도, 저는 '과거(어제)를 기록하고 현재(오늘)를 살며 미래(내일)를 꿈꾸자'를 제 삶의 기조로 삼았습니다. '비록 내일 지구의 종말이 온다할지라도 오늘 한 그루의 사과나무를 심겠다'는 어느 철학자의 말을 의지 삼아 열심히 기록들을 남기며 매일을 버티고 지켜냈습니다.

서른을 넘기기 어렵다고 한 제가 감사하게도 대학 교수 정년을 채웠고 그 후에도 10년이나 더 대학의 행정을 맡아 일하다가 2019년 2월 말에야 비로소 분주다사했던 긴 직장생활을 마감하게 되었습니다. 뒤늦게 전업주부로 돌아와 보니 집안에는 일기, 기록물, 이를 뒷받침하는 사진들이 감당하기 어려울 정도로 쌓여 있었습니다. 때마침 들이닥친 COVID-19로 '집콕' 하면서 하나씩 들추어 보았더니 홀로 간직하고 그대로 묵히기에는 공연히 아깝기도 하고, 특히 저의 후손에게는 물론이고 널리 후대에게 전해주고 싶은 메시지

1

가 담긴 이야기도 많아서 심심풀이 삼아 네이버에 블로그를 개설하고 그 일부를 펼쳐 놓기도 하였습니다.

눈으로 보고 마음으로 걷는 심정으로 마음 가는 대로 선택한 저의 일기, 기록물, 제가 직접 찍은 사진들을 이 책에 담아보았습니다. 우리가 사용하는 보편적이고도 일상적인 용어를 사용하고 또 난해하지 않은 단어와 평범한 문장으로 눈으로 보고 마음 가는 곳으로 걷는 길에서 만난 풍경, 인생의 여정에서 맺어진 인연, 그리고 일상다반사에서 싹튼 소소한 마음은 물론 뚜렷이 저의 소회를 밝히고 싶은 사건 등을 그려낸 보통사람의 글입니다. 그 때문에 읽으시는 분들의 마음에 바로, 편안하게 전달될 수 있을 것이라고 생각됩니다.

좌절과 절망으로 방황하거나 고통과 슬픔으로 힘드신 분, 배신 또는 억울함으로 분노에 쌓이신 분에게 저는 치유의 약 처방으로 글쓰기를 권해 드립니다. 즐거움과 기쁨이 충만하고 승승장구하는 분에게도 역시 겸손과 절세, 감사의 묘약이 될 수 있는 글쓰기를 권하고 싶습니다. 돌이켜 보면 제 삶의 여정에서 '글쓰기'는 때때로 치유의 처방이 되기도 하였고 때로는 절제와 인내의 묘약도 되었음을 경험했기 때문입니다.

이 책을 읽으시는 분들과 저는 또 다른 인연을 맺으며, 저는 그 마음을 소중하게 간직하겠습니다.

일생을 같이하고 있는 가족에게 사랑의 마음을 전합니다. 특히 용혈성 빈혈환자로 험난한 산고를 겪으며 낳은 딸들과 그들에게서 태어난 세 손자들이 반듯하게 잘 자라서 각자의 꿈을 키워감에 고마움을 전합니다.

법률 및 학술 서적 전문 출판사로 역사가 깊은 박영사에서 법학으로 연이 닿아 이 책을 낼 수 있음에 감사드립니다.

2022년 6월
글 쓴 이

3

차례

PART 02

인연을 누리며, 자연과 벗하며

PART 03

세월이 그려내는 이야기

PART

01

길 따라,
발길 따라

저에게 태어나서 제일 잘한 일을 꼽으라고 한다면 길 따라, 발길 따라 두루 국내외를 다니며 보고, 느끼고 또 배우는 기회를 가져 본 것이라고 답하 겠습니다. 70여 권의 앨범, 그리고 컴퓨터에 저장된 디지털시대의 영상들과 함께 기록된 여행지의 메모, 그날의 일기 속에서 마음 가는 대로 솎아서 그 대로 또는 오늘의 기록과 함께 여기에 옮겨 놓습니다.

노트르담 대성당에서 파리가 시작된다
"노트르담-루브르 박물관-샹젤리제-개선문"

이탈리아 로마와 프랑스 파리는 제가 가장 사랑하는 도시입니다. 파리의 안방은 생제르맹데프레! 역사적 장소에 접근하기 용이하고 학문과 예술을 탐하게 하며, 현대적 낭만과 젊음을 감각적으로 느끼게 하는 생제르맹데프레입니다. 저는 생래적으로 잠 없는 체질 덕분에 외국에 가도 시차적응의 어려움이 없어 좋습니다. 기다란 바게트 서너 개를 담아 아침을 사오는 주민들 발걸음에 맞추어, 그토록 그리던 마카롱 생각에 부지런히 단골 빵집으로 달려가 봅니다. 호텔 조식 후식에 추가해 놓은 마카롱으로 더없이 풍성한 아침을 맞이합니다.

여행 첫날 첫 행선지에 나서는 길은 최고의 행복감과 설렘을 줍니다. 파리의 첫 일정은 언제나처럼 노트르담 대성당에 입국신고 하는 일입니다. 베드로, 밀라노, 세인프 폴, 웨스트민스트, 솔즈베리, 성가족 성당 등 흔히 유럽 관광은 성당관광이라고 하지만 제게 노트르담 성당은 일반적인 의미보다

노트르담 대성당

특별합니다. 정교한 조각들로 채워진 아담한 성당의 외관, 가냘퍼 보이는 첨탑, 아름답고 정교한 음을 내는 오르간, 거대한 종 엠마뉘엘(Emmanuel), 빅토르 위고의 원작 파리의 노트르담, 일명 노트르담의 곱추와 이를 바탕으로 한 영화와 뮤지컬 등, 이 모든 관광요소보다는 파리의 휴식처, 기도처로 저를 품어주는 대성당입니다. 맨 앞줄 의자에 앉아 개신교식 기도로 입국신고를 합니다. 회계기도로 나를 돌아보고 생에 대한 진정한 감사기도를 올립니다. 눈에 선한 성당 내·외부를 찬찬히 다시 마음에 담고 뒤뜰 정원으로 나갑니다. 인공미 없는 자연스러운 꽃밭에서 첨탑을 눈에 새기고 일정을 이어갑니다.

루브르 박물관 피라미드 형태의 출입구 앞에서 서서히 사방을 돌아보고 눈에 익은 노선 따라 작품들을 선택하여 감상하며 교양을 쌓아봅니다. 그중에서도 언제나 빠짐없이 찾는 작품은 목이 없어서 더 신비한 니케상, 그 유명한 밀로의 비너스, 알쏭달쏭한 표정의 모나리자, 그리고 볼 때마다 가슴 뛰는 민중을 이끄는 자유의 여신,

루브르 박물관

오히려 조세핀 왕관식처럼 보이는 노트르담에서 거행된 나폴레옹 1세의 대관식, 한참 동안 그 앞에 서서 숙고하게 되는 함무라비 법전입니다.

콩코드광장의 이집트 출신 오벨리스크를 쳐다보고 룩소르를 회상하며 파리에 입성한 개선장군의 발걸음으로 샹젤리제 거리에 들어섭니다. 길 양쪽에 늘어선 가로수들의 사열을 받으며 저 멀리 보이는 개선문을 향해 진군합니다. 젊은 날에 그리도 가슴 두근거리며 좋아하던 샹젤리제 거리, 뒷골목의 워릭 샹젤리제 호텔에 들러 옛일들을 그리워해 봅니다. 빨간 천막 드리운 거리의 어느 카페에 앉아 지나가는 인종(人種)들을 관광하기도 합니다. 그들도 저를 포함한 샹젤리제 거리를 관광하며 즐거운 모양입니다.

아름다운 세상, 언제나 다채롭고 재미있는 파리 여행길. 생제르맹데프레 바로 뒷길 숙소로 돌아와 저녁 식사를 위한 옷을 갈아입었습니다. 식당에 들어서서 궁전 같은 화장실에서 몸 매무새를 고

개선문

치고 식탁에 앉아 식사기도를 했습니다. 이렇게 파리의 첫날이 가고 있습니다.

2

에펠탑의 야경

파릇파릇 젊은 시절 처음 만난 파리 센 강변 은 운치 있고 낭만이 흐르는 젊음의 강이었습 니다. 유람선을 타고 센강의 양쪽으로 늘어선 건축물 풍광들을 번갈아 보느라 쉴 새 없이 왼 쪽 오른쪽 연달아 고개를 도리질해야 했습니 다. 그 젊음이 사그라드는 탓인지 오늘 오랑주 리, 오르세, 로댕 미술관을 섭렵한 피로감 때 문인지 오늘의 센 강은 감동과 사랑을 얻기에 는 탁해지고 주름져 있습니다. 그나마 강변에 서 보이는 건조물들이 고풍스러움의 미를 더

에펠탑

하고 있습니다. 멀리 에펠탑이 서 있습니다. 처음으로 올라간 에펠 탑 전망 테라스에서 개선문 광장 중심으로 방사선 모양 뻗은 파리 의 도로를 신기해하고, 알아볼 수 있는 관광명소를 찾으며 감탄했 던 추억이 살아납니다. 에펠탑을 도시 경관 망치는 흉물이라고 하 며 에펠탑이 보이지 않는 에펠탑 내 식당에서만 식사를 했다는 모 파상. 세계박람회 마치면 해체할 것으로 예정된 에펠탑은 송신탑 기능으로 살아남아 오늘에 이르도록 파리에 그 많은 관광수익을 올

샤이오궁에서 본 에펠탑 야경

려주는 세계 명물이 되었습니다. 기존의 사물, 관념이나 제도에 대한 개선 개혁에는 진통과 마찰이 있기 마련이고, 전통적 보수적인 사상에 반대하는 진보적 의견도 있기 마련입니다. 젊은 눈과 노안으로 보는 세계도 각각 선명도와 강약에서의 차이가 있습니다. 이들 시각을 융합하는 묘수를 짜내기는 그리 쉽지는 않은 법입니다.

샤이오궁에서 저녁식사를 하며 창으로 바라본 밤의 에펠탑은 아름다운 빛으로 시시각각 색상을 달리하며 그 광채를 발하고 있습니다. 세월이 갈수록 더 아름답게 치장되는 밤의 에펠탑을 바라보고 있노라니 '오늘을 사랑하라'라는 시(詩)가 에펠탑 꼭대기에서 너울거리며 저의 젊음을 소환해 줍니다.

오늘을 사랑하라

토마스 칼라일

어제는 이미 과거 속에 묻혀 있고
미래는 아직 오지 않은 날이라네
우리가 살고 있는 날은 바로 오늘
우리가 사용할 수 있는 날은 오늘
우리가 소유할 수 있는 날은 오늘뿐

오늘을 사랑하라
오늘에 정성을 쏟아라
오늘 만나는 사람을 따뜻하게 대하라
오늘은 영원 속의 오늘
오늘처럼 중요한 날도 없다
오늘처럼 소중한 시간도 없다

오늘을 사랑하라
어제의 미련을 버려라
오지도 않은 내일을 걱정하지 말라
우리의 삶은 오늘의 연속이다

오늘이 30번 모여 한 달이 되고
오늘이 365번 모여 일 년이 되고
오늘이 3만 번 모여 일생이 된다

3

파리 뤽상부르 궁으로 오가는 길

"레 뒤 마고-생제르맹데프레 성당-들라크루아 박물관-생 쉴피스
성당-뤽상부르 정원-판테온-파리 제1대학"

호텔에서 7분 정도 거리의 카페 레 뒤 마고(Les deux Magots)를 향
했습니다. 피카소, 헤밍웨이, 사르트르, 보부아르 등의 단골 카페였
음을 상기하며 미술, 문학, 철학도 아닌 역사와 잡다한 지식을 내기
라도 하듯이 뽐내어 봅니다. 파리 시민들의 출근길이 분주하게 오
가며 아침을 열고 있습니다. 커피 한 잔 앞에 두고 조간신문을 읽
는 옆자리 노인을 보며 미소를 지었습니다. 그가 파리지엥답지 않
게 제게 화답을 하며 미소를 보냈습니다. 제가 띄운 미소의 뜻을
그가 오해를 했나 봅니다. 지도 IT시대임에도 종이신문을 읽기 좋
아해서 '가재는 게 편'이라는 의미의 미소였을 뿐이었습니다. 아침
수다를 멈추고 길 건너편의 생제르맹데프레 성당에 들렀습니다. 파
리에서 가장 오래된 종탑을 가진 성당답게 예스럽고 좀 낡아 있지
만 아름다운 아치식 내부와 '위로의 성모 마리아상'이 있어서 오늘
도 잠시 들러 평온을 선물 받고 성당 문을 나섭니다.

행선지를 들라크루아 박물관으로 옮겼습니다. '민중을 이끄는 자
유의 여신'을 특히 좋아하는 저는 들라크루아가 살던 집에 전시해

들라크루아 박물관   민중을 이끄는 자유의 여신

놓은 그의 자화상, 작품들, 그가 쓴 편지 등 그의 흔적을 오늘도 두루 살피며 눈에 새겨 넣어봅니다. 다음 일정은 근처 파리의 3대 성당의 하나인 생 쉴피스 성당, 세계적 크기에 아름다운 음색을 내는 귀한 파이프 오르간이 있는 성당, '천사와 싸우는 야곱', '추방된 헬리오도루스', '대천사 미카엘' 등 들라크루아의 작품들이 있어서 반드시 들르는 성당입니다.

생 쉴피스 성당은, 교회의 근간을 흔들어 놓은 내용의 영화, 다빈치 코드에서 '성배의 비밀'을 보관한 장소로 명성을 얻은 성당이기

생 쉴피스 성당   천사와 싸우는 야곱

도 합니다. 창작의 자유가 잠시 믿음을 훼방할 수 있을지는 몰라도 그러한 창작물에 믿음이 흔들리는 일은 없을 것입니다. 점심을 먹으며 재충전의 시간을 보낸 후, 생 쉴피스 성당 부근 파리시민이 제일 좋아한다는 뤽상부르 궁(Palais du Luxembourg) 정원으로 들어섰습니다. 뤽상부르 궁에는 깔려있는 사연도 많습니다.

메디치 가문에서 시집온 마리 드 메디시스(Marie de Medicis) 왕비가 남편 앙리 4세 사후에 생을 보내려고 그녀의 고향 피렌체에 있던 피티 궁전과 유사한 궁전을 지었지만, 정치판에 끼어드는 그녀는 아들인 루이 13세로부터 추방, 유배를 당합니다. 루이 13세는 이 궁전을 동생인 오를레앙 공 가스통에게 주고 당시부터 정원은 일반인에게 개방해 주었다는데, 이후 뤽상부르 궁은 세월에 따라 때로는 정치범 수용소로, 나폴레옹 1세의 집정관 시절에는 그의 관저로, 제2차 세계대전 동안은 독일군 사령부로 사용되기도 했다고 합니다. 현재는 상원 의사당으로 사용되는 굴곡 많은 역사를 지니고 있습니다. 아름다운 상원 의사당을 마주보는 벤치에 앉아 상념에 잠겨듭니다.

아름다운 상원 의사당

르네상스의 성장에 원동력을 준 이탈리아 메디치 가문
3명의 교황과 2명의 프랑스 왕비를 낳은 메디치 가문
우피치 미술관 등 예술 문학 건축의 보고를 지닌
피렌체가 불현듯 그리웁다

뤽상부르 공원의 분수

메디시스 분수(Fontain de Medicis) 앞에 멈춰 분수대에 새겨진 조각들의 형상을 눈여겨 응시합니다. 질서정연히 획일적으로 이발을 한 나무들의 사열을 받으며 사이사이로 세워져 있는 많은 조각상이 유럽 역사를 상기시키니 이 또한 볼 만합니다. 파리 시민들에게는 일광욕 장소이며 휴식처가 되고, 관광객들에게는 관광 명소가 되고 있습니다. 제게도 뤽상부르 궁과 정원은 파리를 그리워하는 매력적 요인 중의 하나로 작용합니다.

질리도록 휴식하다가 바로 근처의 판테온(Panthéon)을 찾아 나섭니다. "조국이 위대한 분들에게 사의(謝意)를 표하다"라는 글을 새겨놓은 판테온. 그 지하에 '루소' '볼테르' '빅토르 위고' '에밀 졸라' '퀴리 부부' 등 프랑스의 역사적 위인들이 잠들어있는 국립묘지입니

파리의 판테온

다. 장자크 루소(Jean-Jacques Rousseau)의 사회계약론. 대학 신입생 시절 심취했던 그 문장들 중에는 지금도 인용하고 싶은 것들이 있습니다. 유난히도 놓인 꽃이 많은 퀴리부부의 묘소 앞에 서면 숙연해집니다. 물리학, 화학 노벨상의 퀴리부인(Marie Skłodowska-Curie)이 존경스럽습니다. 소르본 대학의 최초 여교수가 된 마리 퀴리, 부부 노벨상 수상자. 첫째 딸 부부도 노벨화학상을 수상했고 둘째 딸의 남편은 노벨평화상을 받았으니 제가 가장 부러워하는 영광의 가문이 아닐 수가 없습니다. 법학을 공부했답시고 법과대학이 소속된 판테온 근처 파리 제1대학을 들르고 나니, 어느 틈에 파리의 하루가 저물어가고 있었습니다.

파리 센강의 미라보 다리

　근래 서울 주변 한강 위에 놓인 다리만큼 파리의 센강에는 예부터 30여 개의 다리가 있다고 합니다. 한강 다리 중에서 개인적으로 첫째를 꼽으라면 한강철교일 텐데, 이곳은 오랜 역사와 6.25의 기억을 되살리는 다리로 머릿속에 담겨있습니다. 두 번째로는 마음을 아프게 하는 성수대교라고 답하겠습니다. 수십 명의 인명피해를 본 붕괴사건 현장 모습은 아직도 생생합니다. 다음으로는 2층 다리 반포대교를 꼽을 수 있겠습니다. 홍수가 있을 때 잠수를 타는 아래층 다리가 있는 유용한 다리입니다. 파리를 가보기 전에는 파리 센강의 다리는 제게 '미라보 다리'뿐이었습니다. 연인의 다리, 실연의 다리, 낭만의 다리, 세월의 다리로 각인되었기 때문입니다. 파리를 가게 되면 반드시 찾아가야 할 목록에도 미라보 다리는 언제나 존재했습니다.

　이는 순전히 프랑스 시인 기욤 아폴리네르의 미라보 다리를 주제로 하는 아래의 시가 명성을 얻었던 당시의 기류 탓이라고 생각합니다. 여기에 그 유명한 시 그의 '미라보 다리'를 옮겨 적어 보겠습니다.

미라보 다리

미라보 다리

기욤 아폴리네르

미라보 다리 아래 센강이 흐르고
우리 사랑도 흐르는데
나는 기억해야 하는가
기쁨은 늘 괴로움 뒤에 온다는 것을

밤이 오고 종은 울리고
세월은 가고 나는 남아 있네

서로의 손잡고 얼굴을 마주하고
우리들의 팔로 엮어 만든
다리 아래로
영원한 눈길에 지친 물결들
저리 흘러가는데

밤이 오고 종은 울리고
세월은 가고 나는 남아 있네

사랑이 가네 흐르는 강물처럼
사랑이 떠나가네
삶처럼 저리 느리게
희망처럼 저리 격렬하게

밤이 오고 종은 울리고
세월은 가고 나는 남아 있네

하루하루가 지나고
또 한 주일이 지나고
지나간 시간도
사랑도 돌아오지 않네
미라보 다리 아래 센강이 흐르고

밤이 오고 종은 울리고
세월은 가고 나는 남아 있네

이렇게 시인의 '미라보 다리'를 통하여, 센강과 미라보 다리가 전
세계에 널리 퍼졌고 저도 센강의 미라보 다리 열혈 팬이 되었습니
다. 1980년 홀로 미라보 다리 팬미팅 길에 올라 다리품을 팔고 또
팔면서 드디어 센강에 서 있는 미라보 다리를 만난 고단한 제 다리

는 미라보 다리와 이별하며 즉흥적 모작시, '흘러간 미라보 다리 사랑'을 웅얼거리게 했습니다.

'흘러간 미라보 다리 사랑'

미라보 다리 아래
여전히 센강은 흐르고
'미라보 다리 사랑'도 흐르는데
나는 깨달았네
만남 뒤에 이별이 온다는 것을

미라보 다리가 떠내려 가네
센강에 떠내려 가네
'미라보 다리 사랑'도
센강에 흘러가네

이별의 종이 울리네
'미라보 다리 사랑'은 돌아오지 않으리
세월이 가도
나는 미라보 다리에 다시 돌아오지 않으리

그 이후 저는 더 이상 미라보 다리를 찾지 않았습니다. 아일랜드 '이니스프리 호수섬'을 만났을 때에도 똑같은 실망감에서 이별을 고한 적이 있습니다. 이래서 저는 시인이 될 수 없는 심성(心性)을 가졌음을 고백합니다.

　기욤 아폴리네르가 '미라보 다리' 시를 쓸 당시에는 미라보 다리
는 파리에서 제일 길고 제일 높은 다리였기 때문에, 또 그는 시인
의 인성과 시상(詩想)을 가진 시인이어서 그에게서 미라보 다리를
주제로 하는 명시(名詩)가 탄생했을 것입니다.

5

모네(Claude Monet)의 마을 지베르니(Giverny)

자연 또는 사물을 빛에 따라 변하는 대로 그린 화가로는 모네가 대표적입니다. 모네의 작품 '인상, 일출'에서 인상주의와 인상파가 비롯되었다고 합니다. 예체능 방면에 소질이 약한 탓일까, 예체능 이론에도 무딘 저는 이론과 실재를 결부하여 이해하기에는 더욱 역부족이어서 실기는 노력으로 불가하여 포기하고 이론은 무조건 암기해 왔습니다. 우연인지 필연인지 제일 친한 친구가 그림 그리는 친구라서 전시회에 열심히 쫓아다녔고 다른 한편 피아노를 치고, 플루트를 부는 친구도 있어 연주회에도 가야 했습니다. 요즈음에 와서야 그 덕분에 그나마 예술적 안목이 조금은 생긴 것 같아서 고마운 마음에 가끔 제가 밥을 사는 것을 그들은 모릅니다. 어느 미술관에서 모네의 어떤 그림을 본 기억은 유난히 살아있고 모네의 그림에 더하여 그의 집과 정원까지 찾는 발길에는 별나게도 꽃을 사랑하고 식물을 가까이하는 제 DNA와 어릴 적 산과 들을 쏘다니며 만끽하던 자연의 맛도 가미되어 있는 듯합니다. 그래서 막상 가보면 허망한데도 파리에 오면 습관적으로 지베르니를 찾게 됩니다.

이번에도 파리 여행길 아까운 시간에서 하루를 빼내어 지베르니에 왔습니다. 해가 갈수록 조금씩 변모하고 발전해 가는 모네의 집과 정원입니다. 관광 인파 속에서 나름대로 상상과 연상의 날개를

지베르니, 모네의 정원

펼치며 꽃밭을 돌아보고 수련을 바라봅니다. 모네의 정원 크기와 거의 버금갈 만한 어렸을 적의 우리 집 정원, 모네의 꽃밭보다 훨씬 다양한 꽃과 수목이 있던 우리 집 꽃밭이었습니다.

그 정원을 보며 그 많고 예쁜 꽃들을 보고 자란 내가,
아침 햇살이 비추어주는 꽃들의 색깔이
일몰에 비치는 색상과 다르다는 것을, 달리 보인다는 것을,
눈여겨보지도 못한 무감성의 인간으로 성장했는지 안타깝다.

아마도 우리 집 정원에는 연못이 없었기 때문인지도 모르겠습니다. 모네의 조그만 연못 다리 위에 서서 오늘도 또 사진 한 장 찍고, 아담한 동네 지베르니 여기저기를 기웃기웃 한 바퀴 돌아보고 난 후에, 파리로 돌아오는 길 위로는 그래도 모네의 그림들이 펼쳐 있는 환상에 젖어봅니다. 파리 런던 시카고 뉴욕 루앙 등에서 만나

본 그의 그림들이 하늘을 날고 있습니다. 내일은 그의 그림을 만나러 또 오랑주리 미술관, 오르세 미술관을 가야겠다고 생각합니다. 여정을 마치고 대한민국 우리 집으로 돌아간 날에는, 1976년 '연꽃과 원앙' 그림으로 국전에서 대통령상을 수상한 원문자 화백, 이제는 한국현대미술가 100인에 꼽힌 저의 단짝의 초기 작품이 담겨 있는 화첩을 들추어 볼 것입니다. 이미 80년대 후반부터는 한국화에서는 처음, 한지(韓紙)를 이용한 입체적인 부조(浮彫) 작업으로 새로운 창작의 세계를 열어 보이면서 사유의 공간을 나날이 발전적으로 채워나가는 그의 작품도 대단하지만, 화조화(花鳥畵)를 그리던 옛 시절의 그의 작품이 더 보고 싶어지는 것은 자연과 벗하기를 즐거워하는 저의 심성에 더하여 모네의 정원을 다녀가는 길이기 때문일 것도 같습니다.

정원(원문자 作)

32

6

나의 천국, 베르사유 궁전의 정원

이른 아침식사를 마치고 오늘은 카페 레 뒤 마고 맞은편에 있는 사르트르와 보부아르의 단골 카페 드 플로르 (Cafe de Flore)에 앉았습니다. 그러고는 감히 사르트르와 보부아르가 되어 철학, 문학, 예술 관련 얄팍한 지식으로 역할극을 이어가며 파리 시민의 출근길을 지켜봅니다.

카페 드 플로르

생제르맹데프레를 사랑하는 이유가 여기에 있다
주변에 보고 싶은 곳, 가고 싶은 곳이 많고 또 쉽사리 접근 가능한 곳
무엇보다 파리 보통 시민들의 삶의 현장을 염탐하기 즐거운 곳
또 우리 가족이 좋아하는 축구팀이 있는 곳이기 때문이다

느긋하게 오늘의 일정 따라서 베르사유 궁전으로 행군을 개시했습니다. "짐이 곧 국가다"라고 한 루이 14세가 만든 대궁전답게 화려하면서도 권위 있는 궁전에 더하여 아름답고 웅대한 정원이 공부시키는 박물관보다는, 부담 없이 즐거운 하루를 소일하게 합니다.

베르사유 궁전의 거울방

천장화, 벽화, 초상화 등이 미술관 못지않게 각자를 뽐내고 있는데 루브르 박물관에 있는 다비드의 나폴레옹 황제의 대관식 그림과 같은 듯하면서도 다소 다른 대관식 그림이 늘 저를 한참 멈추게 합니다. 공·사생활의 노출이 불가피할 것 같은 왕과 왕비의 거처는 부럽지는 않습니다.

궁전 내의 '거울 방'은 과연 베르사유 궁의 핵심이라 할 만합니다. 휘황찬란한 크리스털 샹들리에, 이에 가려진 천정화, 황금 촛대 등 남북으로 연결짓는 통로를 이리도 찬란하고 고급스럽게 치장해 놓았으니 루이 14세 부름을 받고 이 방을 걸어가는 동안 유체이탈도 일어날 만합니다. 프랑크왕국부터 프랑스혁명 시기까지의 승전 장면을 보여주는 그림들, 중요 장군들의 흉상이 전시된 승전 갤러리는 프랑스의 역사를 보여주는 역사박물관 역할을 제대로 하는 곳이라면 프랑스 궁전으로서 국제적, 역사적 장소로 활용된 곳은 바로 이 거울방입니다. 베르사유 거울방은, 미국 독립혁명과 건국 승인에 관여한 장소이자 독일제국의 성립을 선언한 장소이고, 제1차 세계대전 승전 후 평화회담 개최지가 되었던 장소이기 때문입니다.

프랑스의 역사와 세계, 특히 서양의 역사를 되뇌고 새김질까지 할 필요가 없건만 그래도 빠뜨리지 않고 베르사유 궁을 찾고 또 찾아와서 거의 종일을 헤매는 것은 베르사유 궁 아닌 베르사유 궁의 정원 때문입니다. 세계적으로 드넓은 정원, 나에게 천국이 되는 각종 꽃들이 있는 꽃밭, 기하학적으로 묘하게 꾸며진 정원, 가슴 활짝 트이는 호수의 보트놀이, 일렬로 아득히 단정하게 서 있는 숲 따라 달리기도 하며 깔개 깔고 누어 하늘 보며 간식도 먹고 자유를 만끽하는 하루를 보내었습니다.

오늘 하루는,
루이 14세가 내게 선물한 하루가 된다
루이 14세도 누리지 못했을 참 자유, 참 행복을 누리는 날이다
오늘 하루는 베르사유 궁전의 정원이 나의 천국이 되는 날이다
저녁 노을 아래 베르사유 궁전 정원에서의 꿈같은 하루가 마감된다

베르사유 궁전의 호수

7

아비뇽 유수(幽囚)

프랑스 프로방스 지방을 염탐하기로 마음먹고 1차 목적지를 아비뇽으로 선택했습니다. 아비뇽 유수, 아비뇽(생 베네제)다리, 아비뇽의 여인들, 아비뇽 페스티벌, 이러한 아비뇽에 관련 것들이 첫 번째 목적지를 택하게 했습니다. 파리에서 TGV를 타니 두 시간 반쯤 걸려서 아비뇽에 도착하였고, 예약했던 호텔에서는 마침 아비뇽 페스티벌이 파할 무렵이라 복층 방으로 업그레이드한 방을 주었습니다. 야호! 아래층에 넓은 거실과 침실 1개, 나선형 층계 오르니 위층은 침실 2개… 비워두기 아까운 호텔 방을 홀로 두고 성곽 문을 들어서니 아비뇽 페스티벌 포스터 광고판 깃발이 무질서하게 펄럭이고, 여기저기 다양한 퍼포먼스로 볼거리가 깔려있었습니다. 사람 숲을 헤치며 길 뚫기는 힘에 부쳐도 마음은 즐거워 가벼운 깃털 같았습니다.

아비뇽 교황청

아비뇽 교황청을 입장해 보니 암반 위에 세운 요새에 내부는 교도소 분위기, 인걸은 물론이고 예상 속의 교황청 모습은 희미한 흔적뿐이어서 아비뇽 유수 세월 속의 교황들의 처지가 상상되는 아비뇽 교황청이었습니다. 허망한 마음을 달랠 겸 교황청 옆 작은 동산 전망대 언덕길을 올랐습니다.

교황청 숍에서 산 와인까지 둘러메고 땀을 뻘뻘 흘리면서도 올라오길 잘한 것 같다는 생각이 듭니다. 여기서 본전 뽑을 만하다고 일행과 신나게 하이파이브를 날리기도 했습니다. 중세마을처럼 가꾸어진 교황청 밖 아비뇽 시가지를 두루 살폈습니다. 끊어진 아비뇽 다리가 명료하게 시야 속으로 다가옵니다. 교황청 광장에서는 조그맣게 보이던 금빛 마리아상과 가시면류관을 쓰고 십자가에 달린 예수님 조각상이 바로 옆으로 보이니 이제야 비로소 아비뇽 교황청에 왔다는 실감이 납니다. 론 강 건너편의 빌뇌브 레 자비뇽 요새와 마을이 아련하게 보입니다.

그럴듯한 식당을 찾아 허기를 채우며 오가는 인파를 구경하고 있습니다. 한국 연극팀이 없어서인지 의외로 한국 사람이 보이질 않았습니다. 연극 공연 본답시고 극장에 들어갔다가 30~40분 만에 나오고 말았습니다. 차 한 잔 놓고 에너지를 충전시키고 아비뇽 노

아비뇽 시내

래를 부르며 아비뇽 다리를 걸었습니다.

　종일 아비뇽을 누비다가 지친 몸 이끌고 호텔로 돌아왔습니다. 1층 거실에 앉아 교황청에서 구매한 제법 값나가는 포도주를 꺼내놓고 아비뇽 유수를 주제로 황제권과 교황권에 관한 토론을 벌여봅니다. 아비뇽 페스티벌 마무리 무렵의 아비뇽의 밤은 이렇게 깊어 갑니다.

아비뇽 다리

8

고흐의 아를, 로마제국의 아를

아비뇽에서 아를행 버스를 타고 해바
라기 들판도 보며 아를에 당도했습니다.
입구에서 본 아를은 언뜻 예술의 마을
분위기를 풍기고 중세도시인지, 성장 멈
춘 마을인지 분간하기 어려웠습니다. 고
풍스러움에 지저분한 분위기마저 감도는

아를 입구

골목길 끄트머리에 모습을 드러내는 깔끔한 원형경기장이 동공을
확대하게 했습니다. 너무 많이 복원시켰다고 할 정도로 예사롭지
않았던 것입니다. 이리저리 빙빙 돌며 여기저기 앉아 옛 시대인의
감흥을 꿈꾸어 보는데 꿈인지, 생시인지 갑자기 경기장에 호수로
물 뿌리는 형체가 나타납니다. 오늘 투우경기가 있는가, 연극공연
이 있는가.

투우경기며 연극공연으로 여전히 사
용되고 있는 아를 원형경기장이었습니
다. 경기장 꼭대기에 올라 아를 시내를
살피고 론강을 바라보는데 쓰고 있던
모자가 순식간의 바람에 어디론가 날아

아를 원형 경기장

가 버렸습니다. 아쉬운 마음을 삭이며 다음 목적지를 찾아 1층에 다다랐을 때 어디선가 저를 찾는 모자 소리가 들리는 듯, 이리저리 살펴보니 제 모자가 까딱거리며 저를 보고 있었습니다. 오! 이런 일이!

규모는 작지만 원형극장, 공중목욕탕이며 소소한 로마 흔적들을 살펴봅니다. 로마제국이 경계선으로 삼았다는 론강은 여기서도 여전히 흐르고, 로마를 사랑하고 로마의 법을 탐하는 우리는 로마 그 시절에도 불어왔을 바람을 쏘이며 말없이 걷고 있습니다. 원형경기장에서 찾았던 모자를 강바람에 또 잃을까 모자를 벗고 걸어갑니다.

해바라기밭

카페 반 고흐

고흐가 사랑한 아를, 일 년 좀 넘게 머무는 동안 많은 유명작품을 탄생시킨 아를입니다. '노란집', '아를의 침실', '론강의 별이 빛나는 밤', '아를의 포룸 광장의 카페 테라스', '해바라기'. 아비뇽에서 아를 오는 길에 본 해바라기밭에서 고흐가 남긴 여러 장의 '해바라기'를 보는 듯 했습니다. 아를에서 카페 테라스의 배경이 된 카페 찾기는 식은 죽 먹기입니다. 그림의 배경대로 복원시킨 듯 샛노랗게 칠한 카페에서 빈센트 반 고흐 이름을 내걸고 식음료를 팔고 있습니다. 어차피 고흐의 흔적을 찾아 아를에 온 손님 노리는 카페일 터이니, 음식 맛은 따지지 않고 풍성한 점심을 주문했습니다. 고흐를 찾아 노란 카페를 들린 관광객끼리 눈 맞추며 인사를 건넵니다.

'아를 병원의 정원' 배경이 되었을 고흐가 입원했던 시립병원에도 왔습니다. 지금은 아를 시민의 문화센터로 이용되는 건물에 여전히 아기자기한 정원과 꽃들이 있어서 그나마 즐거운 포토존을 제공해 주었습니다. 이렇다 할 고흐 그림 별로 없는 빈센트 반 고흐재단 박물관을 거치고 암스테르담, 파리, 런던, 뉴욕 등지에서 만난 고흐의 작품들을 떠올리며, 고흐의 여운 느끼기를 포기하고 서운함을 달래어봅니다.

아를 골목골목의 로마 흔적을 누비다가 시원한 강바람이 그리워 다시 론강으로 향했습니다. 별빛 대신에 햇빛이 강물을 반짝반짝 빛내고 있었습니다. 고흐의 작품 중 유일하게 팔린 '아를의 붉은 포도밭'이 있는 장소지만 고흐의 아를로 기념하기보다는 로마제국의 아를이라고 기억 속에 저장하며 다음 행선지로 발길을 옮겼습니다.

고흐의 흔적을 찾아서

오늘은 암스테르담의 반 고흐 미술관을 찾았습니다. 빈센트 반 고흐(Vincent van Gogh), 살아있는 동안은 단 한 점만이 팔렸던 그의 작품은 사후 10여 년이 지나면서 그를 20세기 미술사의 한 획을 긋는 유명 화가 중의 한 사람으로 등극시켰습니다.

괴팍한 성격, 가난한 환경, 정신분열 질환에 시달리다가 젊은 나이, 37세로 세상을 스스로 마감한 고흐. 그 때문인지 흔히 그는 위대하지만 특이하고 '불행했던 화가'라고들 합니다.

젊은 시절의 제게는 고흐의 작품이 그다지 다가오지를 않았습니다. 너무 어둡고 강렬하고 거칠고 야릇한 점도 없지 않다는 느낌이

반 고흐 박물관

자화상

들었던 탓입니다. 그때는 저도 그의 특이한 생의 배경이 이런 독특한 그림을 그리게 했으리라 여기며 미술 전문가의 평석에 맞추어 그의 생애와 그의 작품 간의 인과관계 설정을 시도하였습니다.

그러나 불행하고 불운한 환경에 처한 화가라고 해서 위대한 걸작을 탄생시키는 것은 아닙니다. 그렇다고 순탄하고 행복한 일생에서는 위대한 예술가가 나올 수 없다는 논리도 성립할 수 없을 것입니다. 그래서 저는 특이한 성격, 가난한 환경, 질병, 짧은 생애 등의 고흐의 인생 여건과 그의 작품들 사이에 섣불리 인과관계를 설정하여 그의 작품을 보는 시각에 회의를 갖기 시작했습니다.

더욱이 프랑스, 영국, 미국, 러시아, 벨기에 등의 미술관과 박물관 곳곳에서 그의 작품들을 계속 만나게 되면서 산발적으로 그가 그의 가족들, 특히 그의 동생 테오에게 썼던 편지들, 친구들에게 보낸 글을 접하면서부터 저는, 그의 인생 배경과 작품 간의 인과관계를 온전히 끊어버리고 그의 작품을 천부적 예술가의 작품 그 자체로 감상하기 시작했습니다.

저는 그의 글을 통하여 뛰어난 문필가적 소질과 철학적 사고를 지닌 천재성을 발견하였기 때문에 그의 작품세계를 그의 성격이나 불우한 환경 그리고 정신적 질병과 결부시켜 이해하려는 종전의 편견을 지워버리고 그의 작품들은 온전히 천재적 착상에서 나온 그림들로 바라보며 감히 저만의 평석을 하기에 이르렀습니다. 고흐는 불과 10여 년 동안의 작품 활동 기간에 구백여 점의 유화, 일천 백여 점의 드로잉과 스케치를 남겼습니다. 네덜란드, 벨기에, 프랑스에서 주로 그림을 그린 그는 그중에서도 프랑스 남부 도시 아를에 있으면서 대표적인 그림을 많이 남겼고 마지막 두 달 반 정도의 인

43

생길을 남긴 정신병원에서조차 하루에 한 점 정도로 폭발적으로 많은 그림을 그렸다고 합니다.

아를에 있는 빈센트 반 고흐 레스토랑

그의 본향 네덜란드 암스테르담 반 고흐 박물관에 서 있으면 다수의 대표작 속에서 그의 사고와 족적이 보이고 작품의 일대기가 보입니다. 오늘은 마침 한가롭고 사진을 찍어도 주위 눈치 보이지 않을 정도로 자유로워서 저 혼자만 간직할 그의 그림들을 욕심껏 가져왔습니다.

크롤러 뮐러 미술관에도 가야지,
그의 그림을 더 만나고 그의 이야기를 더 들어보아야지…
언제부터 나는 이리도 그림을 탐하고 그림에 해박한 자가 되었나?

2007년 두 번째 암스테르담 고흐 박물관을 들른 감상문을 읽으면서 미소를 짓게 되었습니다. 일기장을 뒤지다 보면 이렇게 스스로를 웃기고 울리는 이런저런 기록들이 있습니다.

2010년, 그리고 2019년, 고흐의 많은 작품의 배경이 된 프랑스 아를을 찾아 그의 그림 대상이 된 흔적과 그의 사색의 장소를 둘러보았지만, 역시 네덜란드의 반 고흐 박물관, 그리고 크롤러 뮐러 미술관이 빈 센트 반 고흐와 그의 작품을 이해할 수 있는 최고의 장소라고 할 수 있습니다. 2007년에 반 고흐 박물관에서 가져온 영상 중에 제가 가장 많이 펼쳐보는 고흐의 그림은 성경, 감자, 자화상, 일본 기생, 해바라기, 아를의 방, 까마귀 떼 밀밭, 수선화, 그리고 구두 등입니다. 디지털 시대가 이래서 좋다는 생각이 듭니다. 생을 마칠 때까지 수시로 컴퓨터를 열어 나 홀로 감상하고, 평석하고, 이후에는 제 후손에게 넘겨주리라 다짐해봅니다.

과연 "인생은 짧고 예술은 길다"

해바라기   성경

10

튤립으로 가득한 네덜란드

어린 시절, 제게 네덜란드는 영토의 4분의 1이 바다보다 낮은 나라이자, 풍차의 나라로 입력되어 있었습니다. 청년 시절에는 반 고흐가 출생한 나라로 고흐의 일생과 그의 그림이 관심 대상이 된 나라였습니다. '꽃 보기를 황금 보기보다 좋아한다'라는 정평이 붙은 제가 네덜란드 쾨켄호프 튤립 축제에 관해 알게 된 후부터는 네덜란드는 튤립의 나라로 다시 각인되었습니다. 쾨켄호프 튤립 축제를 보기 위해 다시 네덜란드를 찾기로 마음을 먹고 2007년 5월, 설레는 가슴으로 쾨켄호프를 찾은 그날의 여행일지에는 아래와 같이 적혀있습니다.

쾨켄호프 튤립 축제

쾨켄호프를 향해가는 주변의 넓고 넓은 튤립밭에는 한 송이 튤립조차 보이지 않고 완전 맨땅이 황량하게 펼쳐있었다. 흙색이 된 내 얼굴을 본 안내자는 쾨켄호프에는 튤립이 가득하니 안심하라고 나를 위로했다. 목적지에 도착, 입장해 보니 실로 무한대의 각종 각양각색의 튤립이 여기저기서 내게 손짓을 했다.

빨강, 분홍, 노랑, 주황, 흰색, 짙은 보라색 등의 단일 색

쾨켄호프 튤립

상 튤립부터 노랑 바탕에 붉은 줄, 붉은 바탕 흰줄 무늬가 있는 변종 튤립들, 한 겹 튤립과 겹겹 튤립, 내 허리까지 오는 키 큰 튤립 등이 무리를 이루어 나를 홀렸다.

두세 시간 이리저리 튤립을 보며 헤매고 나니 비로소 쾨켄호프 정원 전경이 눈에 들어왔다. 다양한 수목이 있고 또 튤립 무리 사이사이로 수선화, 무스카리 등이 비집고 들어가 군락을 이루고 분수가 있고 호수도 보이고 네덜란드답게 풍차도 있었다. 튤립 '정원'이라고 부르기에는 너무 광활한데, 그렇다고 마땅한 단어를 찾을 수 없는 곳이었다. 엉뚱하게도 이른바 튤립 투기 열풍의 네덜란드 튤립의 흑역사(黑歷史)가 잠시 머릿속에 그려진다.

토지 또는 집 저당 잡혀가며 희귀 변종 튤립 구근을 수집하여 돈을 벌려는 욕망으로 결국에는 보통사람들 가정부터 국가재정 파탄까지 불러왔던 과거를 보상받으려고, 매년 90만 명의 국내외 관광객을 튤립 축제로 끌어 모으는 이 거대한 프로젝트, 리쎄(Lisse)시와 튤립 등 화훼산업 관련자들이 합세하여 기획한 쾨켄호프 튤립 축제가 탄생했을 것 같다는 생각이 스쳤다.

허둥대던 발걸음을 정돈하며 차분하게 튤립들과 눈을 맞추고 쾨켄호프 전체 풍광을 어우러지게 살피며 사진으로 남기려 했지만 내 카메라로, 또 내 사진 솜씨로는 오히려 이 풍광을 해할 것 같고, 차라리 눈으로 담아 뇌에 새겨 놓아야 할 것 같았다.

또 보고 다시 둘러보아도 아쉬움이 남는 쾨켄호프. 지친 몸 되어 하는 수 없이 출구를 찾는데 마음은 서양란 가득한 식물원으로 발길을 이끌었다. 눈에 익숙한 종류도 있고 지금껏 보지 못했던 특이한 것도 있고, 묘하게 가꾸고 배열해 놓은 모습과 그 구도를 보며 더 한번 놀라며 행복함에 피곤이 사라졌다.

쾨켄호프 튤립 축제는 과연 장관(壯觀)이었다! 튤립 흑역사를 백역사(白歷史)로 바꾼 성공적 발상이었다.

일기장을 덮고 2007년 쾨켄호프 사진들을 들추어 보다가 2020년 COVID-19 사태 이후 쾨켄호프에서 보내는 영상 속의 튤립 정원을 바라 봅니다. 저를 놀라게 했고 즐겁고 행복하게 했던 쾨켄호프 전경을 우리 집 거실에서 일시에, 통째로, 영상으로 만나 보니 감개무량합니다. 반갑고 아름다움에 취하는 시간도 잠깐 사이 지나가고 새장에 갇힌 새의 모습이 되어 갑갑하고 서글픔에 가슴이 저려옵니다. 문득 캐나다 부차트 가든도 떠올랐습니다. 부차트 가든이 다양한 꽃 종류, 높낮이가 있는 정원으로 자연적이었다면, 쾨켄호프 튤립 축제는 석 달 동안 튤립이라는 주제에 맞게, 튤립에 집중하는 황홀함을 확대하는 곳입니다. 두 곳 모두 또 가고 싶고, 또 보고 싶은 꽃 정원입니다. 지난해부터 전염병으로 수많은 인류가 스러져 갔고, 남아있는 우리도 갇힌 자의 고통을 겪고 있는데 쾨켄호프에는 여전히 갖가지 품종 다양한 색상 모양의 튤립이 이리도 건재하며 예쁜 모습을 간직하고 있습니다. 더 많은 품종이 개량되고 더 아름다운 정원으로 제 후손을 비롯한 인류에게 부디 아름다운 마음과 선한 언행을 선사하는 튤립 축제로 길이 남기를 기원해 봅니다.

쾨켄호프 튤립

다시 만날 날을 기약하며…
정원을 가꾸는 이들의 손길에 축복이 있기를!

11

솔즈베리 대성당의 마그나 카르타(Magna Carta)

구름 뚫고 하늘 문 두드리는 첨탑이 있습니다. 까마득한 뾰족탑이 기울어질 듯 위태로워 수차례 보수공사 흔적을 남긴 솔즈베리 대성당이 있습니다.

마그나 카르타를 보관하고 있는 솔즈베리 대성당

자유와 인권 그리고 민주의 초석이 된 대헌장, 마그나 카르타를 지니고 있는 솔즈베리 대성당입니다. 그 마그나 카르타가 젊은 저를 불러냈던 대성당입니다.

전염병으로 힘없이 무너지는 자유와 인권, 합법과 적법의 울타리에 갇힌 인류 앞에서 마그나 카르타의 그림자가 울고 있는 듯합니다.

풍광이 아름다운 솔즈베리 대성당에 무릎 꿇고 종일 세계만민의 일상회복을 위한 기도와 세계 곳곳에 자유 민주 정의 인권의 가치가 건재하기를 간구하는 기도를 하고 싶습니다.

솔즈베리 대성당이 빛바랜 나를 다시 부른다

마그나 카르타
1215년의 마그나 카르타 원본은 솔즈베리 대성당과 링컨 대성당에 각 1부씩 있고 대영도서관에 2부가 보관되어 있습니다.

아일랜드를 그리워하며

예이츠의 시가 마음에 스며든 날
불현듯 그의 시가 탄생한 흔적지로 떠났다
그가 흘려 준 목가(牧歌)적 바람 쏘이려
낯선 길 헤매며 찾은 이니스프리 호수섬
보고 또 눈 씻고 다시 보아도 그 호수섬은
홍수에 밀려 온 듯 아담한 체구의 밋밋한 땅 덩어리
아홉 이랑에 콩 심고 벌집 하나 두고 옆에 누워도
시상(詩想)을 불러 올 여지없는 그저 한 움큼 크기의 둥둥섬
몇 날을 가슴 떨며 그려보던 몽환적 이니스프리 호수섬

이니스프리 호수섬

그 섬은 매몰차게 내 마음 호수에서 홀연히 떠나고
발 앞에 놓인 주인 모를 자그만 나룻배 하나가
그나마 나의 감성을 찌르며 잠시 발길을 머물게 한다
이래서 나는 시인이 될 수 없나 보다

인구 500만 명이 될까 말까 한 작은 나라 아일
랜드이지만, 노벨문학상 수상자를 4명이나 배출
한 나라입니다. 저는 수상자 중에서도 첫 번째
수상자인 윌리엄 버틀러 예이츠를 좋아합니다.
소녀 시절 김소월 스타일의 낭만주의적 서정시
읊기를 즐기던 저는 당연히 소월의 스승뻘 되는
예이츠의 시를 좋아할 수밖에 없었습니다. 일기

윌리엄 버틀러 예이츠

도 논문 작성 모양새로 쓰고, 말하기도 그러하다
고 평을 받는 제게 그의 전반기 서정적 묘사는 부러움의 결정체로
여전히 저를 매혹합니다.

예이츠에 이끌려 어렵사리 아일랜드행 길에 올라서 이니스프리
호수섬을 찾았으나 허망감만 가득 안고 돌아서는 제게, 예이츠에
앞서 제임스 조이스가 슬며시 나의 옷소매를 잡아끕니다.

제임스 조이스!

문학도는 아니지만 그에 관해서도 풍월로 아는 바 몇몇 있습니
다. 일찍이 그 유명한 율리시스를 읽고자 했지만 중도 포기했습니
다. 난해하고 너저분한 내용이 담긴 글의 독자가 되기 싫은 제 성
격 탓이었습니다. 후일 듣기로는 율리시스를 완독한 독자보다는 율
리시스 주제로 박사논문을 쓴 분이 더 많을 거라는 이야기도 들었

습니다. 그는 더블린을 떠나 스위스에서 살다가 스위스에서 타계하였다고 합니다. 문학도나 된 것처럼 예이츠의 흔적을 찾는다는 핑계를 대고 갔던 아일랜드의 더블린 거리에서 그 조이스를 예이츠보다 먼저 대면하였습니다. 비스듬히 쓴 모자에 턱을 조금 치켜들고 오가는 사람들을 외면하며 오른손에는 지팡이, 왼손은 상의를 젖히고 바지 주머니에 들어가 있습니다. 왼쪽 발을 꼬고 율리시스처럼 난해한 표정으로 서 있습니다. 곳곳에서 노벨문학상 수상자들보다 그를 더 기리고 있는 듯합니다.

아직도 스위스에서 돌아오지 않은 그를
아일랜드가 그리워하고 있다.

아일랜드 방문길 15년쯤 흘러간 오늘 어느 일간지에서 조이스가 기네스 맥주를 극찬하였다는 글을 읽었습니다. 기네스맥주는 맥주가 아니라 아일랜드의 와인이라고 했다고 합니다. 술맛을 모르는 저는 극찬인지 혹평인지 가늠하기 어려웠습니다. 현지에서 시음해 본 기네스 맥주는 두꺼운 거품 속으로부터 초콜릿과 커피 향이 버무려진 부드러운 맛이, 맥주 본연의 쌉쌀한 맛을 제치고 목구멍으로 솔솔 잘 넘어갔습니다. 그 맛을 못 잊어 서울로 돌아와 기네스 캔 맥주를 샀습니다. 그러나 완전히 다른 맛이어서 당혹감에 빠졌습니다. 술을 못하는 제가 더욱이 여행 중 목마른 터에 마셨기 때문이었을까, 율리시스처럼 조이스의 기네스 맥주 평도 역시 난해할 수밖에 없을 듯합니다.

문학의 나라, 음악의 나라, 영화 '원스'의 나라, 기네스맥주의 나라, 태곳적 자연을 느끼는 모어(Moher) 절벽, 트리니티 대학이 있는 나라, 영국에 속하는 북아일랜드와의 경계에 바리케이드 국경이 있는 나라. 그러나 아일랜드는, 제게는 여전히 윌리엄 버틀러 예이츠의 나라로 남아있습니다. 그의 시에 나오는 '이니스프리의 호수섬'은 제 마음속에서 떠내려갔어도, 슬라이고의 어느 작은 교회 묘지까지 찾아가 본 예이츠의 묘비에 "삶과 죽음을 냉정히 바라보라. 그리고 지나가라!"라고 새긴 글

예이츠 동상

과 그의 시 몇 편이 제 곁에 확고히 머물고 있기 때문입니다.

이니스프리의 호수섬

윌리엄 버틀러 예이츠

나 일어나 이제 가리, 이니스프리로 가리
거기 욋가지 엮어 진흙 바른 작은 오두막을 짓고
아홉 이랑 콩밭과 꿀벌통 하나
벌 윙윙대는 숲속에서 나 혼자 살으리
거기서 얼마쯤 평화를 맛보리
평화는 천천히 내리는 것
아침의 베일로부터 귀뚜라미 우는 곳에 이르기까지
한밤엔 온통 반짝이는 빛
한낮엔 보랏빛 환한 기색
저녁엔 홍방울새의 날개 소리 가득한 그곳

나 일어나 이제 가리, 밤이나 낮이나

호숫가에 철썩이는 낮은 물결 소리 들리나니

한길 위에 서 있을 때나 회색 포도 위에 서 있을 때면

내 마음 깊숙이 그 물결 소리 들리네

 나이 들어 이즈음엔 그의 시 'When You Are Old'를 즐겨 암송
하며 부동의 열성팬으로 아일랜드의 추억을 안고 아일랜드를 그리
워하며 살아가고 있습니다.

예이츠의 묘비

북아일랜드의 주상절리,
자이언츠 코즈웨이(Giant's Causeway)

유네스코 세계유산 자이언츠 코즈웨이(Giant's Causeway) 앞에 섰습니다. 고대 화산활동으로 만들어진 3만 7천여 개의 주상절리, 주로 육각형이고 사오각형부터 팔각형에 이르는 높고 낮은 절리들이 절벽에서부터 해안까지는 물론이고 바닷속으로까지 들어가 있습니다. 아일랜드 거인이 바다 건너 스코틀랜드 거인과 싸우려 만들었다는 전설이 있습니다. 그 전설적인 싸움에서 패한 결과로 북아일랜드는 지금도 영국에 속하나 봅니다. 최고 높이가 120미터라는 파이프 오르간 형태의 주상절리에 다가서니, 자이언츠 코즈웨이가 기이함보다 공포감으로 오싹 소름을 돋게 합니다.

독립국인 아일랜드 공화국에서 가볍게 넘어서는 국경선을 가진

자이언츠 코즈웨이

영국의 북아일랜드 땅. 아름다운 벨파스트대학 건물에 이끌리어 하룻밤을 보내며 아일랜드에서 온 차량은 조심해야 한다는 말을 귓등으로 흘렸더니, 이튿날 아침 깨진 백미러가 남북 아일랜드 간의 감정 표시를 보여주었습니다.

남북이 38선으로 나누어져 있는 한반도 상태 그대로여도 좋다
차량 일부 파손 정도의 감정 풀이만 있어도 좋다
'죽기 전에' 금강산부터 북한 측 백두산에 이르기까지
북한 땅 두루 누빌 수 있다면…
'라구요' 하고 웅얼거려 본다

14

이집트, 인류 역사의 보물창고

이집트를 오갈 때의 기록에는 언제나 특히 나 홀로 간직해야 할 내용이 많습니다. 신(God)과 인간, 인류 문명과 문화, 국가의 흥망성쇠 등에 이르는 저만의 철학이 그득합니다. 우리나라 5,000년의 역사와 대한민국 현재를 비교한 감상문도 눈물겹도록 적혀 있습니다. 단체여행으로 처음 이집트를 찾았을 때 일행 중 누군가는, '기껏 돈 들여서 이집트에 왔는데 가는 데마다 송장과 돌무더기만 보고 간다'라고 툴툴거렸습니다. 이집트는 보는 이마다 감흥이 별다를 나라임이 분명합니다. 이집트에는 광활한 곳곳에 인류의 보물들이 거의 그대로 널브러져 있습니다. 왜냐하면 보물을 우리 속에 가두기에는 역부족이기 때문입니다. 아니, 보물의 크기가 어마어마하기 때문입니다. 그래서 아직도 묻혀 있는 보물이 가득합니다.

마지막으로 본 스핑크스가 마음을 울렸습니다. 처음 만났던 스핑크스보다 눈과 코 부분이 눈에 띄게 상한 모습입니다. 세월의 비바람에 이집트의 보물들이 조금씩 삭아가고 있는데도 현대를 쌓아가기에만 바쁜 현대인들의 모습을 돌아봅니다.

무하마드 알리 모스크

이집트 카이로에 발이 닿으면 무하마드 알리 모스크부터 보입니다. 이슬람교 국가임을 상징하는 대표성을 지닌 무하마드 알리 모스크에는 이집트 근대화 터전을 마련한 무하마드 알리의 무덤이 있고 통 크게 룩소르 신전의 오벨리스크 하나를 프랑스에 선물한 답례로 받은 시계탑이 있습니다. 파리 콩코드 광장에 보란 듯이 서 있는 오벨리스크가 떠오릅니다.

일일이 나열하기 어려울 만큼 다양한 신(神)을 섬기고 신전(神殿)에 건축공학, 예술 감각을 발휘한 이집트. 그 때문에 신(神)들의 나라, 신전(神殿)의 나라로 불리기도 하는 이집트입니다. 지금은 이슬람교 국가로 귀착되어 이슬람 사원에서 기도하는 이집트인들을 바라봅니다.

무하마드 알리 모스크

피라미드와 스핑크스

　피라미드와 스핑크스는 이집트의 상징이요, 인류 최고(最古, 最高)의 보물입니다. 누구나 '이집트' 하면, '피라미드와 스핑크스'를 연상할 만큼 이집트의 보물 1등 자리는 단연 피라미드와 스핑크스가 차지합니다. 기자의 쿠프왕, 카프라왕, 멘카우레왕의 피라미드. 이 3대 피라미드가 어제도, 오늘도, 그리고 내일도 이집트로 세계인들을 유혹할 만합니다. 기원전 4,500여 년 전에 건축되었다는 쿠푸왕의 대 피라미드 앞에 서면 풀 죽어 서 있는 현대인들의 모습, 미미하게 보이는 5,000년 역사의 한반도 보물들이 어른거립니다. 쿠프왕 피라미드보다 100년도 더 이전에 만들어졌다는 멤피스 지역 사카라의 계단식 피라미드도 눈여겨 볼만합니다. 그 외에도 이집트에는 수많은 피라미드가 곳곳에 산재합니다.

　거대하고 기괴한 스핑크스 앞에서면 공포감까지 느꼈던 예전의 연약함은 사라지고 지금은 피라미드에 앞서 오히려 스핑크스를 그리워하게 됩니다. 눈 덮인 마터호른산을 보며 스핑크스를 연상할

피라미드와 스핑크스

만큼 다시 보고 싶은 스핑크스입니다.

이집트의 자랑스러운 피라미드 보물 주변에는 여전히 관광객을 등에 태울 낙타가 줄서기를 하고 있습니다. 맥 풀린 듯 껌뻑이는 낙타의 서글픈 눈망울에 모래바람 마시며 부식되어가는 피라미드와 스핑크스가 그려져 있습니다.

왕가의 계곡

이집트인들은 피라미드의 도굴꾼들을 피하기 위해 지상의 건축물 피라미드 무덤 짓기를 포기하고, 외부에 노출을 피하려고 룩소르 일대의 계곡 암벽을 깊이 파서 비밀스러운 통로를 만들었습니다. 그렇게 파라오들의 공동묘역을 만든 곳, 신전들을 건축한 곳이 왕가의 계곡입니다. 왕가의 계곡에는 파라오, 왕비, 자녀들, 충복(忠僕), 반려동물 등이 묻혀있습니다. 생의 영원성, 부활의 내세관은 부활 이후의 삶을 위한 각종 값진 보석과 진귀한 일상용품을 미라 상태의 시신과 함께 풍성히도 매장해 놓았습니다. 예나 지금이나, 동

왕가의 계곡

서양을 막론하고 영생과 부활은 인간 누구나 소망하는 최대의 욕망입니다. 금은보화와 값진 매장물들이 아무리 깊은 계곡의 비밀스런 묘실에 있다 해도, 심지어 무시무시한 '파라오의 저주'가 덮친다 하더라도, 현세를 챙기려는 현실적, 재물적 욕구가 물불을 가리지 않고 묘지를 파헤치는 괴력을 솟아나게 하나봅니다.

부활을 믿고 다음 세상에서 소용될 귀중품을 사체 옆에 두려는 인간의 욕망과 그 부장품 재물을 취하여 살아생전 부(富)를 얻고자 하는 인간의 욕망은 많은 무덤들을 도굴하게 만드는 동력이 되었습니다. 그렇지만 요행스럽게도 도굴되지 않은 파라오 투탕카멘의 무덤이 20세기에 발견되었습니다.

그의 무덤에서 발견된 수많은 귀중품은 9살 어린 나이에 파라오가 되어 18살이라는 젊은 나이에 사망하기까지 그 짧은 기간 동안에 그가 누린 권력과 부를 증명하기에 충분했습니다.

금은보화며 황금관, 황금의자, 황금 지팡이, 온갖 보석과 화려한 부장품들, 투탕카멘의 얼굴을 덮었던 황금 마스크 등은 황금이라는 재화라기보다는 예술품으로 보입니다. 투탕카멘의 유물, 원본들은 카이로 박물관이 굳건히 지키고 있습니다.

황금 마스크 대신 턱에 수염을 달고 남성 파라오처럼 보이는 차림을 했던 여성 파라오, 핫셉수트 여왕의 장제전(葬祭殿)은 크고 웅장한 건축물로 관광객을 이끕니다. 장제전에서조차 수염 단 파라오로 자신을 남성화해 놓은 유적을 보며 현대에서도 남성, 또는 남성적이어야 리더가 되기 용이한가를 되짚어봅니다.

아부심벨 신전

람세스 2세에 의한, 람세스 2세를 위한 건축물이라고 해도 과언이 아닐 신전! 정통 왕족 출신이 아닌 그는 특히 파라오로서의 그의 업적을 기리고, 후대에 길이 그 이름을 남기고 싶어서인지 신전등을 건축하기를 즐겨하였다고 합니다. 신전 입구에 떡 버티고 앉아 있는 거대한 4개의 본인 조각상을 두어 분위기를 압도합니다. 당대의 신들과 신을 본떠서 만든 자신의 조각들이 함께 서 있는 람세스 2세의 조각상. 역대 파라오들 이상으로 자신을 신격화하려는 람세스 2세의 본심을 엿보고야 말았습니다. 아부심벨 대 신전 내부는 본인의 생애와 업적을 보여주는 채색 부조로 치장되어 있습니다. 오른쪽 어깨 아래 구멍을 뚫어 이집트로부터 대영박물관으로 옮겨졌다는 람세스 2세의 상반신 조각상조차, 그가 이집트 후손에게는 물론 후대 인류에게 그 업적을 내세울 만한 파라오였음을 알려주고 있는지도 모릅니다. 람세스 2세는 대신전 옆으로 왕비를 위한 소신전을 건축하면서도, 입구에 4개의 자신의 조각상 사이에 2개의 왕비 조각상을 끼워 넣었습니다. 정식 왕비 이외에도 오십여

람세스 2세의 상반신 조각상

아부심벨 신전

명의 아내에 몇 백 명의 자녀를 두었다는 람세스 2세. 그래도 왕비를 위한 별도의 신전을 건축하고 여신상 기둥들에 왕과 왕비에 관한 글을 남겼다고 합니다.

여신 이시스

아스완 하이댐 건설로 수몰될 위기의 아부심벨 신전과 함께, 이시스 신전은 유네스코의 도움을 받아 각각 현재의 위치에 고스란히 옮겨졌습니다. 유네스코의 힘이 과연 돋보이는 사건입니다. 여신을 위한 신전이라는 점이 색다른 호기심을 갖게 하는 이

파피루스에 기록된 여신 이시스

시스 신전은 고대 이집트의 주된 신이라 할 수 있는 오리시스 신, 그의 아내 이시스 여신을 위한 신전입니다. 마법 기술을 가진 여신 이시스가 시동생 손에 죽임을 당한 남편의 시체를 찾아서 마법으로 임신, 출산하게 된 아들 호루스를 키워 왕의 자리에 앉게 한다는 내용을 신전 벽에 새겨놓은 점은 흥미롭습니다. 고대 이집트의 여신 이시스 숭배사상은 이시스 여신을 위한 신전이 여러 개 있던 알렉산드리아로부터 로마를 포함한 소아시아반도에까지 전파되었다고 합니다. 폼페이 유적지에 이시스 신전 터가 있고 터키에도 이시스 신전의 흔적이 있습니다.

아, 여신 이시스의 위력이 상당했다!

카르나크 신전

모래 속에서 긴 세월 묻혀 지내다 발굴된 카르나크 신전. 우리가 보는 웅대하고 장엄한 카르나크 신전이 그 일부에 불과하다는 사실에 놀라게 됩니다. 카르나크 신전은 고대 이집트의 신전 중에서 가장 규모가 큰 신전이고, 왕들이 신에게 나라의 번영과 축복을 기원하는 기도를 드리는 중요 역할을 한 신전입니다. 역대 왕마다 이 신전을 계속 증·개축해나갔는데, 그중에서도 아부심벨 신전을 건축한 람세스 2세가 역시 큰 몫을 차지하였습니다. 카르나크 신전 입구 양쪽에 양 머리 모양의 스핑크스 행렬을 만들고, 130여 개의 크나큰 돌기둥을 세우고 그 기둥마다 상형문자로 람세스 2세 자신의 업적과 이집트 신화를 기록해 놓았습니다.

문득 영국 대영박물관에서 본 그의 상반신 조각상과 함께 로제타스톤(Rosetta Stone)이 떠오릅니다. 샹폴리옹이 알렉산드리아의 로제타 마을에서 발견한 로제타스톤의 상형문자를 해독하면서부터 신

카르나크 신전

비로운 이집트의 역사, 그 문명을 염탐할 수 있게 되었습니다. 카르나크 신전 전체 모습이 드러나 더 많은 것을 알아낼 수 있는 그 날을 기다려봅니다. 카르나크 신전의 오벨리스크가 눈에 들어옵니다. 바티칸시국의 베드로 대성당과 이탈리아 판테온 앞, 나보나 광장과 피렌체 등에서, 프랑스 파리 콩코드 광장, 아를의 공화국 광장, 그리고 터키와 미국, 영국 등 세계 여기저기에서 보았던 이집트에 고향을 둔 오벨리스크를 자연스레 회상합니다.

그들보다 초라해 보이고 보존상태도 안 좋아 보이는
이집트 본토의 오벨리스크들을 보는 내 마음이 아려온다

로마제국과 오스만 터키, 영국 그리고 프랑스의 손을 거치며 이리저리 옮겨진 오벨리스크를 비롯한 이집트의 유물들이 머릿속에서 오락가락합니다. 대영, 루브르, 메트로폴리탄 박물관과 시카고, 보스톤 미술관 등에 그래도 잘 보존되어 이집트의 자랑스러운 문명과 문물을 길이 보존 관리할 수 있었음이 불행 중 다행이었을지도 모릅니다.

현대의 이집트

세 번째 이집트 방문의 마지막 행선지 샴 엘 세이크, 후루가다에서 현대의 이집트를 만났습니다. 자연의 맛과 현대의 맛이 어우러진 샴 엘 세이크, 후루가다를 거치며 이집트 바닷물에 이집트에 오기만 하면 공연히 흥분되는 마음을 애써 침전시켜봅니다. 넉넉한 해변을 걷기도 하고 예쁜 물고기들과 어우러져 바닷속을 누비며 샴

현대 이집트, 후루가다

엘 세이크에서부터 긴장을 풀고 자유로움을 음미하였습니다. 풍광
이 아름답고 특히 일출과 일몰이 빼어난 후루가다의 해변은 다른
어느 해변보다 잘 가꾸어져 있고 운치가 있었습니다. 샴 엘 세이크,
후루가다 두 곳의 현대 이집트는 또 다른 시각에서 다시 저를, 우
리나라를 왜소하게 만듭니다.

　이집트의 보물들은 현대 인류가 기죽을 고대 인류의 흔적들입니
다. 고대 보물이 널려있는 현대 이집트의 현장을 보며 현재 10대
경제 대국에 드는 선진국 대한민국이라고 자만하기에는 조심스러
워지는 마음입니다. 인류 역사에 불가사의한 보물들을 남기고도 스
러져간 민족이나 나라도 여럿 있음이 떠오르기 때문입니다. 애꿎은
후손들을 불러 모아놓고 현대 인류의 기를 꺾는 최고(最古, 最高)의
보물을 창출했던 이집트를 보여주며, 기 살아 있는 대한민국의 역
사가 영원하리라는 보장은 없음을 명심하라고 귀 아프도록 당부를
합니다.

이전보다 엄해진 군경찰 차량의 호위를 받아야 하더라도, 샴 엘 세이크에서 출발했던 비행기 사고의 슬픈 소식이 아직도 공포심을 가시지 않게 하더라도, 노후 인생길에서 한 번 더 이집트를 보고 싶은 간절함이 있습니다.

이집트 미라를 보면서 이 세상을 하직하는
인간 내면을 헤아려보고 싶습니다.
부활의 길을 갈구하는 인간의 안쓰러운 마음을 격려해 주고 싶습니다.
신전에서 무수한 신을 찾아 헤매던
인류를 따스하게 안아주고 싶습니다.

아직은 제게 여전히 고대 인류의 보물을 탐구할 수 있는 능력이 있음에 감사합니다. 다시 한 번 이집트를 찾아 고대 인류의 흔적을 머릿속에 담기 위해 열심히 만보걷기 운동으로 체력을 길러봅니다.

15

사랑의 궁전 타지마할

아! 탄성을 뱉으며 발걸음을 멈춥니다. 차마 묘당이라고는 표기할 수 없어 사랑의 궁전으로 명명하며 그윽한 눈으로 타지마할을 담아봅니다. 사랑하는 여인과 잠시도 떨어지기 싫어서 그녀를 전장(戰場)에까지 동반한 남자. 14번째 출산 후 끝내는 가버린 님이시라면 그녀를 기리는 이 같은 묘당을 지을 만합니다. 공사에 동원된 국내외 인력들, 운송수단으로 이용되었던 코끼리들의 형상, 머릿속으로 공연히 헤아리다 보니 어느 사이 가슴이 뭉클해지고 여인의 질투심도 솟아납니다.

무한대의 사랑을 심어놓고 싶은 바람으로, 하이얀 대리석에 사랑을 바탕 삼아 멀리 또는 가까이 있는 나라들로부터 온 온갖 보석을 수놓은 그녀의 묘당에 깊은 사랑이 느껴집니다.

기하학적으로 완벽하고 아름다운 건축물이라 극찬하는 타지마할 안내서는 건축가의 평판으로 돌리고, 22년간의 노동과 국고 낭비 운운은 그들 역사에 남기며, 제게는 타지마할은 사랑의 금자탑으로 다가올 뿐입니다.

사랑을 만나고 사랑과 이별하며 웃고 우는 사랑의 모습들은 예로부터 세상 모든 노랫말의 대주제로 회전하고, 고귀하고 때로는 공

타지마할

포스럽기도 한 사랑이란 이름을 빌려 희극 또는 비극으로 창작되어
왔습니다.

다시 한 번 타지마할을 뒤돌아본다
주고 싶은 사랑이 외면당하고
받고 싶은 사랑이 가뭄 든 세월을 엮어가다
끝내는 남남으로 헤어지는 여인들의 눈물방울이
타지마할을 적시고 있다

16

외과의사가 집도한 생 송어회
-노르웨이 여행길에서-

노르웨이산 생 연어회 선물 포장지를 뜯으면서, 엉뚱하게도 제법
오래된 기억 하나가 떠올라 큰 웃음이 나옵니다. 두 주일간 러시아
를 거쳐 북유럽 여행가는 길에, 크고 작은 폭포가 있는 협곡 사이
로 큰 강이 흐르는 노르웨이 발드레스 계곡(Valdres Valley) 절경의
산수 탐방을 마치고, 아름다운 강변 마을에서 식사를 하려 머물던

발드레스 계곡

때의 일입니다. 펄떡이는 송어들을 마주한 일행 중 누군가가, 송어 낚시 고장에서 생 송어회를 먹어보자는 제안에 전원이 동의하였습니다. 송어회를 주문했지만 회를 떠본 적 없다고 난감해하는 주인장, 외과의사 박 선생이 팔을 걷어붙이고서 식칼을 달라며 주방으로 향했습니다. 외과의사가 수술 아닌 송어회 뜨기 집도를 했습니다. 누구 하나 웃는 이 없고 오로지 송어회 먹을 생각에 고추장이며 김 등을 준비하느라 신바람이 났습니다. 드디어 고대하던 송어회가 나왔습니다.

외과의사 칼잡이 솜씨로 그럴듯하게 차려진 송어회 세 접시, 한 점 입에 넣은 순간 느적느적한 살점과 맨질맨질한 식감에 숙성시키지 않은 송어회를 먹기에는 저의 비위는 남달리 약했습니다. 저를 빼고 모두가 노르웨이산 생 송어회를 포식하였습니다. 먹기를 끝마친 후에야 일행 모두의 웃음보가 터졌습니다. 수술실 칼잡이의 생선회 뜬 솜씨를 감탄해 가며 외과의사가 뜬 송어회를 먹은 일생일대의 추억 만들기에 입들이 말랐습니다. 레드달로 향하는 차 안에서 닥터 박의 송어회 뜨기 무용담은 오랫동안 이어졌습니다.

러시아에서의 바실리 성당, 이삭 성당, 여름궁, 겨울궁, 핀란드 시벨리우스 공원의 거대한 강철 파이프 오르간, 핀란드에서 스웨덴을 향하는 실야라인(SIlja Line)의 이색적인 경험들….

스웨덴에서 처녀항해 중 침몰된 바샤호가 있는 바샤 박물관, 그리고 왕궁이며 노르웨이에서의 구스타브 비겔란의 조각공원이 갖게 하는 철학적 사고의 시간들 아니, 그보다 찬탄 받아 마땅한 송네 피요드르의 장엄하고 수려한 산수. 그 여행에서의 모든 기억과 추억을 단숨에 낙하시켰을 뿐만 아니라 지금까지도 생생히 떠오르

는 외과의사가 집도한 송어회 사건은 일생의 여행길에서 단연 최대
의 웃음폭탄이 되어 30년 조금 안 된 오늘도 눈물까지 흘리면서 웃
음보를 터뜨리게 합니다.

오슬로 비겔란 조각공원

송네 피오르

17

로텐부르크 옵 데어 타우버(Rothenburg ob der Tauber)에서

아치형 성문을 통해 성벽으로 감싸진 중세마을 같은 마을에 발을 들여봅니다. 동화책에 나올 법한 주황의 삼각 지붕 외벽에 줄들이 그려진 벽체와 창틀에는 예쁜 꽃들이 놓였고 가게마다 독특한 간판이 매달려 있습니다. 나잇값을 하지 못할 만큼 마음 설레며 발걸음도 동동거렸습니다.

광장이라 불리는 아담한 중심지에 서서 마을을 둘러보았습니다. 그저 바라보고 걸어보고 느껴보며 힐링 받는 곳 로텐부르크. 일 년 내내 크리스마스를 만날 수 있다는 홍보물에 어울리게 소소한 마을 가게와 격이 다른 웅장한 크리스마스 마켓 건물도 있습니다. 거대한 장식품을 주렁주렁 달고 있는 그 옛적 성탄 트리에 놀랐습니다. 크리스마스 트리와 장식품들의 발전사를 두루두루 구경하고 값도 천차만별인 만큼 가지각색의 성탄절 장식품 앞에서 유혹을 뿌리치고 최고의 절제를 하며 몇 점 골라서 잔돈을 날렸습니다. 가게마다 요령껏 진열해 놓은 슈니발렌을 깨물어 보며, 골목마다 기웃기웃 동화 속의 주인공 되어 왔다 갔다 하다가, 눈에 익은 해바라기며 접시꽃 있는 호텔 마당 식탁에서 동화의 나라, 꿈속의 마을 인물이 되어 저녁을 나누어 먹습니다.

독일의 로텐부르크 옵 데어 타우버

 햇살 좋은 아침에 마을을 둘러싼 성벽 길에 올라 성 안팎을 관광
합니다.

성벽 밖 짙푸른 숲으로부터 푸르른 바람이 불어온다
저 멀리 숲속의 성(城)처럼 보이는 건물들이 심호흡을 정지시키며
수풀 속에 드문드문 자리 잡고 있는 집들이 신비롭게 다가온다
제법 큰 포도밭도 있고 근사하게 자란 나무들도 많다

성벽 안팎 조화로운 삶의 현장이 나를 행복하게 한다
성벽 안쪽으로 다시 눈길을 돌리니 또 다른 탄성이 고요를 깨뜨린다
어제는 단편적으로 보였던 로텐부르크가 파노라마로 펼쳐진다
예쁜 건물들이 성벽 중간중간의 탑들과 어우러져 한결 빛을 발한다

어제는 로텐부르크 건물 하나하나를 살폈다면
오늘은 로텐부르크 마을 전체를 하나의 집합건물로 보고 있다
로텐부르크 옵 데어 타우버! 참 아름답다, 참 평화롭다

성벽을 내려오니 무질서한 것 같으면서도

자연스러운 정원과 마주친다
코스모스 나팔꽃 개양귀비 외에는
이름 모를 빨강 노랑 흰빛 보랏빛
잔잔한 꽃들이 함부로 섞여 있어도
황홀하게 색상의 조화를 이룬다

문득 모네의 정원에서 그를 불러오고 싶습니다. 여기가 바로 그
가 그리고 싶은 꽃밭 풍경일 것 같아서입니다. 꽃밭에 앉아 한없이
모네를 기다리는 나를 두고, 저는 이곳을 떠납니다.

성벽에서 바라본 로텐부르크 옵 데어 타우버

독일, 트리어(Trier)의 추억

트리어에는 유네스코 세계문화유산으로 등재된 로마 시대의 유적지가 수두룩합니다. 일찍이 로마가 지배하던 지역에서는 어디에서든 볼 수 있는 원형극장, 경기장, 목욕탕이 있고, 로마시대에 세워진 다리, 성당 등이 트리어에도 건재합니다. 아우구스투스 황제 시대에 구축된 옛 로마의 도시 트리어는 콘스탄티누스 대제 이후의 전성기 당대에 인구 6만 명 이상이었다고 하니, 현재 10만 명 인구의 트리어와 비교하면 로마 시대 트리어가 얼마나 크고 번성한 도시였는가를 가늠할 수 있습니다. 쾰른보다도 조금 일찍이 로마가 발을 디딘 트리어는 행정적으로 제2의 로마라고 불릴 만큼 발전해 나갔고, 한때 트리어의 대주교는 황제선출권을 가질 정도로 막대한 종교권의 영향력이 있었습니다. 오늘날의 트리어가 독일 땅으로 자리 잡기까지의 다사다난했던 역사는 접어두고 로마 시대의 자취를 훑어보았습니다.

첫 번째로 눈에 잡히는 로마의 흔적, 포르타 니그라(Parta Nigra)가 위압적으로 제게 손짓을 합니다. 불에 타서 그을린 듯한 검은 색깔의 장대한 성문, 트리어를 둘러싸고 있던 방위벽의 성문 중 하나였던 포르타 니그라. 규모는 어림도 없지만, 문득 아주 옛적 처음 만

포르타 니그라

났을 적의 로마 콜로세움에서 느꼈던 장엄한 기세 앞에서 주눅이 들어서 만 가지 상상의 날개를 펼쳐봅니다.

겨우 몸을 추스르고 로마 유적지 중에 단연 최대 관심사가 되는 트리어 대성당과 성모교회로 발길을 옮겼습니다. 희한하게도 두 건물이 맞붙어 경쟁적으로 관광객을 유도하는 모습이 관람자 입장에서는 다리품을 덜 팔아서 좋기도 하고, 양자를 비교 관찰하기에 유익함을 더해줍니다. 트리어 대성당은 그 크기도 상당하여 쾰른 대성당, 마인츠 대성당과 함께 독일의 3대 대성당 중 하나입니다. 밀라노 칙령(Mailander Vereinbarung)과 기독교 공인 황제로 우리들 머릿속에 각인되어 있는 콘스탄티누스 대제가 어머니 헬레나를 위해 원래는 그가 궁전으로 거하던 곳을 성당으로 개축하였다고 합니다. 성당의 크기나 그 내부의 화려함이 지금도 눈길을 끌 만한 트리어 대성당이지만, 당시 트리어 성당은 지금보다 4배 이상의 규모가 될 만큼 컸다고 합니다.

트리어 대성당은 예수님의 성의를 간직하고 있는 성당으로도 세계적 명성이 높습니다. 일찍이 그의 어머니 헬레나가 가져온 성의

(聖衣), 예수님이 십자가에 달려 돌아가시기 전에 입었던 옷을 보관하는 성당이기 때문입니다. 1512년에 이 성의가 처음으로 일반에게 공개된 이후로 전 세계의 기독교인들이 물밀 듯이 트리어를 찾았습니다. 너무 많은 인파로 성당 훼손이 염려되어서인지, 성의의 진위를 놓고 시시비비가 행해져서인지, 성의는 2012년을 마지막으로 공개되지 않고 있습니다.

성당 중앙 제단 옆 아래 공간에 보존되어 있다는 성의를 믿음의 눈으로 보려고 눈을 감아봅니다. 문득 고(故) 정진석 추기경의 말씀, 창조론과 진화론은 대치되는 개념이 아니라고 하셨던 말씀이 뇌를 스치며, 과학적으로 성의의 진위를 가려내는 결과가 믿음의 감동으로 성의를 보는 눈을 해칠 수 없을 것이니, 성의에 관련한 판단은 각자의 믿음의 깊이에 맡겨두면 될 일이라는 생각이 듭니다.

바로 옆에 붙어 있는 성모교회로 향했습니다. 트리어 대성당에 비교하면 왜소한 규모에, 건축양식도 고딕식으로 외모부터 극명하게 다릅니다. 내부로 들어서니 아름다운 스테인드 글라스가 마음까지 환하게 비춥니다. 세계에서 가장 아름답다는 스테인드 글라스가 있는 파리 생트 샤펠 성당이 연상되며, 트리어 대성당에서보다 한결 자유로운 숨을 쉬면서, 훨씬 자유롭게 자리에 앉으니 격식 없는 기도가 줄줄 흘러나옵니다. 한때는 잠시 정의구현 사제단에 이끌리어 가톨릭으로 전향하고도 싶었지만, 이러한 저의 자유로운 기도 방식과 퇴색해 가는 그 사제단의 시대의 흐름은 여전히 제가 개신교에 머물게 했습니다. 잠시 몸과 마음의 휴식을 취하고 로마의 다른 유적지들을 찾아 시가지 중심을 벗어나봅니다.

로마 시대의 유적지에는 빠질 수 없는 목욕탕들이 있기 마련이고 트리어도 그 예외가 될 수는 없습니다. 트리어에 있는 바바라 목욕탕이 이리도 크리라고는 예상하지 못했습니다. 영국 바스(Bath)의 목욕탕에 비하면 크기가 다소 작고 보존상태가 다르지만, 온탕과 냉탕을 구비하고 마치 우리 옛적의 구들장 데우듯이 바닥을 데워서 휴식처 사교장도 만들어 놓은 흔적을 뚜렷이 파악할 수 있습니다. 목욕하기를 좋아하고 온천을 즐기는 로마인에 근접한 저의 근성이 제가 로마에 깊은 관심을 갖는 사연 중의 하나가 될지도 모르겠습니다. 평민들은 물론, 군인들, 특히 전쟁터에서 피 흘리며 돌아온 군인들이 함께 공중탕에서 전쟁의 분진을 씻어내는 상상은 제게도 연대감을 일으켜서 마음을 울컥하게 합니다.

조그만 원형극장, 경기장 등의 터를 지나 모젤 강가에 있는 아득한 옛 로마 시대에 만들었던 그 다리를 기초로 삼은 '로마 다리'에 이르렀습니다. 그 옛적의 다리 위로 오늘도 자동차가 다니고 있고, 강가에서 21세기를 살아가는 제가 다리를 쳐다보며 다리 아프게 서 있습니다.

강변 햇살에 반사되는 햇볕 쬐기를 더하며, 포도가 익어가는 포도밭들이 언덕 경사를 타고 줄줄이 이어져 있습니다. 모젤 강변 언덕 위의 와이너리에 앉아서 가빠진 호흡을 바람으로 가라 앉혔습니다. 알코올 음료를 마시지 못하는 체질인 제게 친절히도 독일의 모젤 와인에 대한 설명과 찬사가 이어졌습니다. 인내심을 가지고 열심히 들어주다가, 나파밸리 와이너리를 방문했던 때 들었던 리슬링 화이트

'신의 물방울' 만화 잡지

미국 나파밸리 몬다비 와이너리　　　　　　　HESS 와이너리

와인(Riesling White Wine)에 대한 이야기, '신의 물방울'이라는 이름
으로 만화 잡지에 소개된 모젤 리슬링 화이트 와인을 좀 알고 있노
라고 했더니, 더욱 화색을 보이며 아주 값비싼 리슬링 와인을 시음
하라고 굳이 권해주는 귀한 서비스를 받았습니다. 예상했던 것보다
훨씬 값진 트리어에 남겨진 로마의 유적들을 본데다가, 얻어들은
풍월 덕분에 귀한 와인 시음하느라 두어 모금을 삼켰더니, 몸과 마
음이 즐거움과 알코올 기운으로 약간 떨리고 쑤셔왔습니다.

　로마가 남긴 보물들을 살피려 나른한 몸을 일으켜 라인 주립 박
물관에 들렀습니다. 로마 시대 벽면이며 바닥을 장식하던 모자이크
가 생생히 그 형태를 보여주고, 독일에서 가장 오래된 다리인 모젤
로마 다리를 놓을 때 사용했던 나무 기둥들도 있었습니다. 로마 시
대에 사용하던 유리 공예품, 각종 생활용품이 가지런히 즐비해 있
는데, 박물관에서 단연 눈길과 탐욕을 번쩍이게 하는 곳은 바로 금
화 전시실입니다. 이 많은 로마 시대의 금화를 볼 수 있다니! 로마
유적 관리에 영국 다음 둘째가라면 서러울 만한 유적과 유물관리를
한 모습을 독일에서 대면했습니다.

　트리어에서의 마지막 일정은 트리어 대학에서 안식년을 보내고

있는 후배 교수와의 미팅입니다. 헤무트 콜 서독 총리가 독일 총리가 되기 전에, 라인란트 팔즈 주 지사 재임 중이던 1970년에 트리어 운트 카이저스라우테른 대학을 설립하였다고 하는데, 트리어대학은 그 대학의 분교로 있다가 1975년 두 대학이 분리 독립되면서 트리어대학으로 되었다고 합니다. 대학 구내 이곳저곳 안내를 받으며 나지막한 대학 건물들, 아담한 캠퍼스가 조용히 연구하기에 좋은 환경이라고 격려하며 어두워져가는 캠퍼스를 나섰습니다. 돌아오는 길에 대성당 건물을 눈에 넣고 다시 한 번 마음에 담으며, 옛 로마의 도시 트리어와 다음 날 아침 작별할 인사를 미리 나누어봅니다.

와인 마니아는 모젤 포도주 생산지인 트리어를 찾고, 수많은 중국인은 칼 막스(Karl Marx)의 생가가 있어서 트리어를 방문한다고 전해집니다. 옛 로마와 로마인에 지대한 관심을 갖는 저는 로마제국의 유적이 많이 남아 있는 독일 땅 트리어를 다녀왔습니다. 그로부터 어느덧 15여 년이 흘렀습니다. 빛바랜 일기장을 덮으니 책상 위 벽면 위쪽으로 로마의 금화가 번뜩이고 있는 듯합니다.

스위스 루체른의 카펠교(Kapellbrücke)

지붕 덮인 낡은 다리 위로 꽃들이 오간다
행복한 마음들이 호수에 떠있다
곳곳의 교회 쌍둥이 탑이 대지를 정화하여준다
맑은 하늘로 밝은 영혼이 날아오른다
오랜 세월 물속 깊이 종일 발을 숨기고
이리도 오가는 발길에 밟히고 있는 카펠교는 아프다

카펠교

마터호른이 스핑크스로 보인다

여름이 근처인데도 다소 추위에 떨며 마터호른을 보려 산악열차를 타고 종착역을 향했습니다. 마터호른은커녕 사방도 분간할 수 없는 눈보라 맞으며 그대로 서 있다가 아쉬움을 눈 속 깊이 묻은 채 하행선을 타고 체르마트로 복귀했습니다. 이튿날 아침 호텔에서 본 눈 덮인 마터호른은 진정으로 장관이었습니다.

미련을 남기고 안타까워하며 체르마트를 떠나던 날, 그날의 그 마터호른을 못 잊어 15년 만에 손자들을 거느리고 다시 찾은 체르마트입니다. 맑고 맑은 날씨에 덧입은 스웨터가 짐이 되어 허리춤에 동여매곤 했습니다. 차창으로 계속 보이는 마터호른을 향해 눈독을 들여 봅니다. 지구 온난화 탓인지 15년 전과 거의 같은 시기에 다시 만난 오늘의 그 산, 마터호른은 눈 누더기로 하반신만 가린 채 거의 나신이 되어있었습니다. 화장기 없는 맨얼굴의 마터호른을 보고 있습니다.

호수 근처까지 내려가서 질릴 만큼 마터호른을 이리저리 살펴봅니다. 체르마트로 하산하는 동안도 연신 눈길을 고정하고 이 산이 왜 저를 이토록 현혹하는지를 곰곰이 분석합니다. 오르내리며 보는 풍광과 아름다운 체르마트 때문만은 아닌 것 같습니다.

마터호른

마터호른이 보이는 호텔 창 너머로 정답이 떠오른다
눈 맞은 다음 날의 마터호른은 내게 장엄한 스핑크스로 보였다
오늘 만난 민낯의 마터호른은
여전히 불가사의한 피라미드를 연상시킨다
눈 덮인 날은 스핑크스 되어
눈 벗긴 날은 피라미드 되어
마터호른이 내게 다가오며 또다시 나를 부르고 있다

21

산 마리노 공화국(Republic of San Marino)

산마리노 공화국이 올림픽 참가 이후 40년 만에 2020년 하계올림픽에서 처음으로 은메달 2개, 동메달 1개를 땄다는 소식에 덩달아 감격과 환희의 가슴 안고 15년 전에 들렸던 산 마리노 공화국의 사진과 일기를 찾아봅니다.

'가장 고귀한 공화국 산 마리노(Serenissima Repubblica di San Marino)', 이곳을 가보고 싶었던 첫 번째 이유는 이미 역사에서 사라진 지 오래된 '가장 고귀한'을 앞세운 국가 호칭을 아직도 사용하는 유일한 국가이기 때문입니다. 또한 고대 로마의 집정관제도를 지금도 유일하게 유지하고 있는 나라이기 때문이기도 합니다. 독립 국가, 주권 국가임을 강조하려던 옛 시대의 접두어인 '가장 고귀한'을 여전히 사용하면서 더불어, 이미 유스티니아누스 1세 때 실질적으로 사라졌고 레온 6세의 법률개정 작업으로 그 명칭조차도 없어진 로마의 집정관제도를 21세기 오늘날까지 산 마리노 공화국이 승계하고 있는 사연이 신기하고도 궁금합니다.

산마리노 공화국으로 가는 표지판

두 번째 이유로는 바티칸, 리히텐 슈타인, 모나코에 이어서 세계 열 손가락 안에 드는 작은 나라인, 산 마리노 공화국을 보면서 이들 작은 나라의 정치, 경제, 문화, 사회 등의 현실을 상호 비교해 보고 싶은 욕심이 발동했기 때문이기도 합니다.

이탈리아 리미니의 새벽 바닷가 일출을 보고 산 마리노로 출발한 지 얼마 지나지 않아 차창 밖으로 멀리 보이기 시작하는 산마리노 공화국은 성벽이 쌓여있는 산마루 세 개의 봉우리 위에 얹힌 요새가 특별한, 드높은 산 위에 자리 잡은 작은 나라였습니다. 주차장에

차를 세우고 비탈길을 걸어 수도(首都) 산 마리노에 들어섰습니다. 이리저리 살피는 시야로 고색(古色) 짙은 석조 출입구 위에 새겨진 '자유(Libertas)'라는 단어가 눈에 들어왔습니다. 산 마리노 공화국 국기, 국장에도 새겨져 있는 바로 그 자유! 어느 틈에 심장이 빠르게 두근거리기 시작하면서 '좋아!', '맘에 든다' 하고 감탄사가 절로 나왔습니다.

산 마리노 공화국
국장의 Libertas 마크

푸블리코 궁전(IL Palazzo Pubblico) 앞에 이르렀습니다. 산 마리노 공화국 의회이면서 박물관이자 수도인데다가 산 마리노 시의 시청 역할을 겸하는 건물입니다. 산 마리노 공화국의 대표적, 상징적 건물의 내부 벽면에 걸린 그림 중앙에는 산 마리노 공화국의 개국공신인 성 마리누스(Saint Marinus)가 신성하게 자리 잡고 있었습니다. 오늘의 산 마리노 공화국의 유래는 이렇게 전해

공화국 궁전

져 내려옵니다. 과거 로마제국 땅이던 현재의 크로아티아 출신 석공 마리누스와 그 일행이 종교적 박해를 피하여 이곳에 와서 살던 중에 티타노산 속에 자치적 신앙공동체를 만든 것이 오늘의 산 마리노 공화국의 기원이라고 합니다.

그림 속의 성 마리누스는 '황제와 교황권으로부터의 자유를 선사하노라'라고 적혀있는 책을 펼쳐 들고 있습니다. 이 책은 독립적·주권적 정체성을 선포한 개국공신의 선언문입니다. 순간적으로 저만의 특유한 독자적 논리가 펼쳐지기 시작합니다. 산 마리노 공화국이 21세기 오늘날까지도 유일하게 '가장 고귀한' 공화국임을 표방하며 국기, 국장에서부터 이곳저곳에 '자유'라는 단어를 새겨놓고, 미니 광장 이름도 자유의 광장(Piazza Liberta)이라 호칭하면서 로마의 집정관제가 여전히 이 나라에 살아있는 까닭이 바로 성 마리누스의 선언문에서 유래되고 있다고 판단해봅니다. 이렇게 산 마리노 공화국은 교황청 또는 황제뿐만 아니라 오랜 세월 외세로부터 굳건히 자유를 지켜서 마침내, 1992년에 UN에 가입하였고 2000년에 우리나라와도 수교를 한 주권국가, 독립국으로 이탈리아의 산맥인 티타노 산 일부 위에 우뚝 서 있게 되었다는 결론으로 나름대로의 산 마리노 공화국의 역사 공부를 매듭지어봅니다.

중세마을 냄새가 조금 풍기는 골목길과 조그마한 가게들을 지나려고 하니 연달아 이탈리아어로 쓰인 간판들이 저를 잠시 착각에 빠지게 합니다. 산 마리노 공화국은 사방이 이탈리아에 둘러싸인 이탈리아 반도 티타노 산에 60㎢ 정도의 국토를 가지고 있고 3만 3,000 안팎의 인구 중에는 산마리노인보다 이탈리아계가 국민의 절대 다수인 나라입니다. 많은 자국민(自國民)이 외국, 즉 이탈리아에 거주하고 있다고 말하는 나라, 또 산 마리노 공화국 내의 외국인 중에 이탈리아인이 절대다수라고 표현하는 나라, 이탈리아어를 공용어로 쓰는 나라, 종교의 자유가 있지만 거의 모든 국민이 로마 가톨릭 신자인 나라. 이런 산 마리노 공화국을 걸으면 여기가 이탈리아인지 산마리노 공화국인지, 마치 바티칸시국이 이탈리아 로마에 속하는지, 로마가 바티칸 영토인지 헷갈리게 하는 것처럼 자칫 혼란이 올 만큼, 그 관계가 모호한 이탈리아와 산 마리노 공화국입니다.

이런 착각은 자유에 맡기고 실제로는 비록 산 마리노 공화국이 이탈리아에게 국방을 위탁하고 있다 해도, 현재 이곳은 가장 고귀한 공화국 산 마리노이고 이탈리아는 분명히 아닙니다. 직접선거로 선출된 임기 5년의 정원(定員) 60명으로 구성되는 대평의회에서는 매년 4월, 10월에 의원 중에서 임기 6개월의 집정관 2명씩을 선출합니다. 전반기 집정관 2명은 공동으로 4월 1일부터 10월 1일까지,

리베르타 광장의 산마리노 대성당

후반기 집정관 2명은 그 이후 6개월을 임기로 하여 산 마리노 공화국의 행정수반이 되며 국가원수가 됩니다. 이러한 행정 통치체제를 가진 국가는 세계에서 산 마리노 공화국밖에 없습니다. 짧은 임기이기에, 3년 이내에는 집정관으로 재선임될 수 없어서 특별히 집정관이 되기 위해 우리나라처럼 후보자들 상호비방, 후보자 경선 등의 절차로 시끄럽고 부끄러운 저질 언행이 난무하지는 않을 듯합니다.

산 마리노 성당, 성 베드로 교회, 박물관 등 몇몇 소소한 관광지를 둘러봅니다. 유서 깊은 산 마리노 공화국의 고대 유물이나 흔적을 별로 찾아볼 수 없어서 아쉬움을 간직한 채 산 정상에 세워져 있는 탑, 국기와 국장에도 그려져 있는 3개의 탑을 향해 발길을 옮겼습니다.

산 마리노 공화국의 요새

성벽 길 따라 올라선 탑에서 저 멀리 하늘 끝과 맞닿은 아드리아해, 그리고 산 아래로 펼쳐지는 이탈리아 마을의 전경들이

산 마리노 공화국 요새에서 바라본 이탈리아 마을

볼거리를 제공합니다. 첫 번째와 두 번째 성채를 탐사하고 세 번째 봉우리에 오르기는 단념하면서 다시 산 아래 전경들을 눈과 마음에 담으며 심호흡을 하니, 새삼 산 마리노 공화국의 '자유'라는 단어에 대한 또 다른 깨달음이 찾아옵니다. 지정학적으로 천연 요새가 되는 산 위의 이 신선한 공기를 '자유롭게' 숨 쉬며 살아가는 산 마리

노 공화국 사람들. 역사 속으로 사라져 버린 '가장 고귀한' 공화국이라는 간판을 달고 오랜 전통의 집정관제를 고집하며 '자유'의 나라를 강조할 만합니다. 또한 세계경제대국들과 겨눌 만한 재정적 풍요로움을 누리니, 이곳 산 정상에서 당당히 아래 세상을, 세계를 '내려다보며 살 자유'를 자랑할 만한 산 마리노 공화국입니다.

오래된 산 마리노 공화국에 관한 저의 견문록을 옮기다 보니 9월 3일, 산 마리노 공화국 설립 기념일이 다가왔습니다.

경축!
'가장 고귀한' 나라로
집정관제를 영속시키며
진정한 '자유'의 나라로
그 역사를 이어 나가기를 기원한다

돌아왔다 소렌토로!

아찔한 절벽 위에서 묘기 뽐내는 건축물! 벼랑 끝으로 나를 날리는 소렌토 바람! 바람 타고 구비 돌며 지중해를 살펴봅니다. 바다를 품고 솟아있는 친환경 호텔의 내 방을 선점하는 파란색 도마뱀 두 마리와 침대마저 공유하며 하룻밤을 밝힙니다.

이탈리아 소렌토의 해변

나지막한 레몬 나무 즐비한 정원
레몬 서리 개구쟁이들의 여유작작한 소음 재미
선한 인상 후한 인심이 소렌토를 살린다
소렌토는 카프리로 가기 위해 있다고
소렌토는 나폴리로 가기 위해 있다고
이리저리 열려있는 소렌토의 뱃길이다

뱃머리마다 출렁이는 가락 소리는 '돌아오라 소렌토로'입니다. 바다를 품은 바람 맞고 절벽 위 바람 마시고픈 오늘, 다시 내가 돌아왔다 소렌토로!

돌아오라 소렌토로

아름다운 저 바다와 그리운 저 빛난 햇빛
내 맘속에 잠시라도 떠날 때가 없도다
향기로운 꽃 만발한 아름다운 동산에서
내게 준 그 귀한 언약 어이하여 잊을까
멀리 떠나간 그대를 나는 홀로 사모하여
잊지 못할 이곳에서 기다리고 있노라
돌아오라 이곳을 잊지 말고
돌아오라 소렌토로 돌아오라

소렌토에서 가 본 카프리의 '푸른 동굴'

소렌토 엽서

23

로마와 바티칸시국

　팔라티노 언덕에 늑대 젖을 빨고 있는 쌍둥이 형제 동상이 있습니다. 권좌를 차지하려 아우를 죽이고 형이 이곳에 이룩한 마을이 '로마'라는 전설을 담은 조각상을 보면서, 우리네 단군신화는 한결 더 신화적이라는 상념이 깃듭니다.

　동서양을 막론하고 권력의 자리를 차지하기 위한 싸움은 늘 치열합니다. 한 세상살이 인생길에 그 자리 아니고도 앉을 자리 많건만 남남지간은 물론 부모 자식 형제자매 간에도 피비린내를 남깁니다. 그 자리 근처에도 가지 않은 우리네 삶을 감사하며 서 있습니다.

첫째 날

포룸 로마눔

　언덕 아래 포룸 로마눔(Roman Forum)을 걸었습니다. 이런저런 신전이며, 시끌벅적 시장통, 아옹다옹 재판소 등. 그 옛날 로마인들 삶의 중심지에서 그려 보는 흔적들과 세계 각국 입법에 여전히 살아 있는 로마법의 잔재도 되짚어봅니다. 율리우스 카이사르가 '브루투스, 너마저?(Et tu, Brute?)…' 하며 외치는 듯합니다. 원로원 옛터에 원망과 절망 가득한 카이사르의 두 눈과 우리나라, 대한민국에서 부하의 총 맞고 쓰러진 사건에서의 두 눈이, 때와 장소의 차이만을 두고 세계사 속에서 교차합니다.

로마를 상징하는 콜로세움은 이름 그대로 거대합니다. 만 가지 상념으로 하루를 보내도 아깝지 않던 콜로세움이 해를 거듭하며 현대인의 손으로 조각조각이 덧붙여져서 상상의 영역을 좁히고 있습니다. 빙글빙글 돌고 돌며 콜로세움의 옛 경기

콜로세움

들을 상상해보기도 합니다. 콘스탄티누스 황제의 개선문에서는 로마 권력을 통합시킨 그의 업적보다도 밀라노 칙령으로 기독교를 공인한 그의 업적이 더욱 돋보입니다. 열혈 기독교 신자였던 그의 어머니 헬레나가 배경으로 떠오르고 비극적 가족사와 함께 죽을 때 세례받은 콘스탄티누스 황제를 생각합니다.

판테온의 둥근 천정 구멍으로 빛을 보고 하늘을 올려다봅니다. 신들의 집합소에서 유일신 하나님, 예수님의 존재를 확인하고 판테온에 묻혀 있는 산치오 라파엘로도 만나려고 이곳에 모여듭니다. 제가 좋아하는 '아테네 학당'을 남긴 그가 그리워 판테온을 찾았습니다.

판테온

바티칸시국 국기

로마 내에 있는 세계에서 가장 작은 도시국가 바티칸시국은 로마가 바티칸시국에 속한다고 착각할 만큼, 동서고금 세계를 움직이는 영향력이 지대합니다. 가톨릭은 그 착각마저 정당화할 만한 근거가 되었습니다. 교황권과 황제권이 뒤엉킨 로마의 역사는 잠시 접어두고 세계 최소인구, 가톨릭 최대 강국이 인류를 부르는 바티칸시국! 이탈리아와의 경계선을 가볍게 넘어서며 바티칸시국에 들어섰습니다. 시스티나 성당의 크나큰 솔방울 앞에서 심신을 정화하고, 바티칸 궁에서 인류의 최고 작품과 기념물들을 보니 몸과 마음이 경건해집니다. 신들린 미켈란젤로의 '천지창조'에 뻣뻣해진 목과 눈은 아담에게 생명을 불어넣는 창조주의 손가락으로 치유를 받습니다. 언제 어느 곳에서 이 이상의 기묘한 작품을 만날 수 있으며 은혜 충만 성령 충만의 결실을 구할 수 있을까, 감탄만이 솟아납니다.

시스티나 성당

라오콘 군상

'최후의 심판' 앞에서 불현듯 나를 돌아본다
선하고 의로운 하루를 간구하는 아침 기도 보람 없이
잠자리에 들기 전 회개기도가 줄 잇는 자화상이 부끄럽다
그래도 오늘도 내일도 같은 기도를 반복하는 일상을 보낸다

플라톤, 아리스토텔레스, 소크라테스를 비롯한 철학자, 건축, 수
학 등 각 분야 유명인 54명이 있는 '아테네 학당' 앞에 서 있습니다.
본인까지 그려 넣은 라파엘로의 당당함과 간절함이 배어있는 아테
네 학당, 그 그림 속에 어우러진 인물들과 감히 교류하고 싶은 마
음입니다.

아테네 학당

최고로 화려하고 거대하며 또 은혜받는 성당, 바티칸의 본당인
성 베드로 성당은 날마다 세계인을 부르고 있습니다. 종교인은 물
론 무신론자마저도 신의 존재를 의식하게 하고 르네상스 시기의 예
술작품들로 두루 세계인의 안목을 넓혀주고 있습니다.

성 베드로 성당

미켈란젤로의 '피에타' 앞에서 개신교 성도가 깊은 기도를 하고
몽실몽실 살찐 기둥받이 두 천사의 볼을 슬쩍 쓰다듬고 인사했습니
다. 성당 완성 기금을 마련하기 위해 면죄부를 판 사건이 종교개혁
을 불렀다고 해도, 교파를 초월하고 인류를 사로잡은 선교의 현장
이 된 대성당입니다. 예수님 마지막 가는 길을 앞두고 그에게 값비
싼 향유를 부은 여인이 있습니다. 향유 팔아 가난한 자에게 나누어
주지 그랬느냐고 탓하는 제자들에게 예수님은 말씀하십니다, 그들
에게 베풀 기회는 많을 것이나 내게는 단 한 번밖에 없는 역사에
길이 남을 일을 행한 것이라고 하셨습니다.

미켈란젤로의 피에타

하나님의 특별한 선물이 된 바티
칸시국입니다. 인류 대대손손 이어
갈 최대의 선교지가 되는가 하면,
인간의 힘으로 완성할 수 없는 예술
품들을 소장하는 문화예술교육센터
인 바티칸에 대하여 누구든 이러쿵

저러쿵 불평할 것은 없습니다.

셋째 날

　로마의 역사에 심취하여 이탈리아를 즐겨 찾고, 시오노 나나미의 로마인 이야기를 탐독하며 로마법까지도 흥미 있게 살피는 어느 부부는 시간과 정열을 뿌리며 내일도 로마의 이곳저곳을 누비고 있을 것입니다.

트레비 분수가 뿜어내는 즐거운 회상

로마의 트레비 분수는 로마, 아니 이탈리아의 수많은 분수 중에서도 손꼽히는 분수라고 할 만큼 멋지고 정교하고 웅장한 조각들로 채워져 있는 유서 깊은 분수입니다. 특히 무더운 여름 날 로마의 더위를 식혀주는 역할을 하기에 더욱 인기가 있습니다.

이 분수 앞에는 많은 관광객들이 즐거운 모습으로 분수를 등지고 동전을 던지고 있는데 동전 한 개를 던지면 언젠가 다시 이곳에 오게 되고, 두 개를 던지면 사랑하는 사람을 만나게 되고, 세 개를 던지면 그 사람과 결혼하게 된다는 전설 아닌 전설이 전해져 내려오기 때문입니다. 이 전설 때문에 분수에는 해마다 로마에 다시 오고 싶은 마음으로 던진 세계인의 무수한 동전, 우리 돈으로 환산하면 무려 약 19억 가량의 동전이 잠수하게 되고 이 거금은 어느 가톨릭 자선단체에 기부금으로 주고 있다고 하니, 동전 던지기는 더욱 장려되어야 할 즐겁고 아름다운 모금행사라고 하겠습니다. 또 언젠가는 밤중에 몰래 분수에 들어가 갈퀴로 그 동전을 수거해 간 범인을 찾는다는 외신이 전해지기도 하여, 트레비 분수는 돈 있는 곳에 도둑이 든다는 경각심을 심어주는 곳이 되기도 하였습니다.

트레비 분수는 제게는 또 색다른 연상(聯想)을 주는 분수이기도

트레비 분수

합니다. 행정학을 전공한 어느 선배 교수는 성악이 부전공이라고 할 정도로 노래를 탁월하게 잘 불렀습니다. 주로 이탈리아 칸쵸네, 오페라 등을 원어로 부르는 그의 레퍼토리들은 몇 번을 들어도 더 듣고 싶을 만큼 중독성이 있었습니다.

　선배의 노래 실력에 대한 일화가 하나 있습니다. 그가 대학에서 보내주는 성지순례교수단의 일원이 되어 이탈리아 성지순례를 마치고 저녁 무렵 트레비 분수에 도착하여 관광을 하는 중에 별안간 오 솔레미오(O Sole Mio)를 부르더랍니다. 이에 주위에 있던 세계 각국 관광객은 물론 주변의 상인들을 비롯한 이탈리아인이 몰려들자, 흥이 난 그가 이어서 산타루치아(Santa Lucia)를 부르고 모여든 관객들은 앵콜로 화답하며 트레비 분수 일대가 순식간에 그 교수의 버스킹 장소가 되었답니다. 이때 난데없이 동행 교수 중 한 분이 모자를 벗어 관중 앞에 돌리기 시작했고, 모자 속에 지폐며 동전이 들어가는 것을 보고 그 선배 교수는 또다시 돌아오라 소렌토로

(Torna a Serriento)를 부르더니, 베르디의 오페라 라트라비아타에 나오는 그 유명한 '축배의 노래'로 마감을 하며 근사한 폼으로 인사를 하였다는 겁니다. 열광적으로 환호하는 관객 덕분에, 더 엄밀히 말하자면 모자를 돌린 어느 교수 덕분에, 20여 명의 대학 성지순례단 일행은 그날 저녁 여행사가 준비한 식사에 더하여 성대한 식음료를 즐겼다고 하는데 이 일화 역시 대학의 전설적 이야기로 대대로 전해 내려오고 있습니다.

바로 그 현장에 서서 그 선배 교수의 노랫가락을 회상하며 저는 오늘도 동전을 던지려 트레비 분수로 향합니다. 트레비 분수로 향하는 마음에는 유독 맛있게 느껴지는 분수 근처의 아이스크림 집을 들리고 싶은 또 다른 마음도 숨겨져 있습니다. 이런 저런 사연이 얽혀진 트레비 분수에서 오늘도 뒤돌아 동전 하나 던지고 다시 볼 그날을 기약하고, 그 선배 교수의 '오 나의 태양' 노랫소리가 귓전을 맴도는 가운데 로마의 무더위를 가라 앉혀줄 아이스크림을 맛보려 설레는 소녀의 가슴을 안고 트레비 분수로 갑니다.

저 멀리서 트레비 분수가 '돌아오라 트레비 분수로'라고 큰 소리로 저를 부르고 있습니다.

25

피렌체, 단테와 베아트리체를 만나다

미켈란젤로 광장 비탈길에서
피렌체를 마음에 담금질하기 위한
심호흡이 시작된다
조각조각 이어진 붉은 지붕들 위로
해처럼 솟아오른 피렌체 대성당 돔이
내 눈을 꽉 차게 덮을 즈음에는
맥박이 달음박질하고 호흡마저 바빠진다

피렌체

첫째 날

 냉동된 채 잠자고 있던 르네상스의 씨앗을 다시 싹틔우고, 마침
내는 찬란한 꽃을 피운 피렌체. 영재성, 천재성이 부족한 제게 피렌
체는 우상의 도시로 자리 잡은 지 오래입니다. 레오나르도 다빈치,
미켈란젤로, 브루넬레스키… 예술가들. 젊은 시절에 관심을 가졌던
군주론의 마키아벨리, 이름만 들어도 저를 숨 막히게 하는 단테까
지. 피렌체는 중세의 천재 능력자들을 출산한 도시였습니다.

 내 사랑 피렌체의 오늘이 있게 한 것은 메디치 가문입니다. 르네
상스의 절대적 원동력을 제공한 것만으로도 고마운 마음은 존경심
으로 번지며, 피렌체 중심부에 장엄한 기념비를 세우고 싶어지기까
지 합니다. 로마와 그리스를 함께 보는 피렌체의 역사를 가슴에 안
은 채로, 교황권과 황제권의 흥망성쇠도 헤아려봅니다. 그리고 곳
곳에 널려있는 르네상스의 유산을 직접 만나러 슬금슬금 피렌체로
숨어드는 저는 언제나 기가 죽은 보통사람일 뿐입니다.

둘째 날

피렌체의 아침이 열리자마자 대성당으로 달려간다
흰색 바탕에 분홍색 녹색이 어우러진 외관으로
우아하고 평온함이 감도는 피렌체 대성당
목 빼고 천장부터 하늘 보듯 우러러본다

피렌체 대성당의 돔

로마 골목길의 판테온 돔이 스르르 떠오릅니다. 바티칸시국 베드로 대성당의 돔과도 겹쳐 보입니다. 피렌체 대성당 돔을 만든 브루넬레스키는 대성당 옆에서 그의 창작품을 물끄러미 쳐다보고 있습니다.

조토의 종탑 오르기를 나잇값 때문에 중단하고, 옆자리 팔각건물 산 조반니 세례당에 들어섰습니다. 아득한 천장의 화려한 모자이크화 최후의 심판을 보면서 시스티나 성당 최후의 심판과 천지창조를 기억의 보관함에서 잠시 꺼내어봅니다. 세례당에서 세례를 받았을 단테의 모습을 상상하며, 단테 기념관으로 발길을 옮겼습니다. 신곡 전편 인쇄물과 보티첼리가 거기에 얹어 그린 삽화가 새로운 감흥으로 저를 사로잡았습니다.

시뇨리아 광장에서 머리를 식히고 베키오 궁전 '500인의 방'을 찾았습니다. 천장과 양면 벽에 그득한 작품들을 찬찬히 훑어봅니다. 피렌체를 지배하던 메디치 가문의 대단한 위력을 다시금 엿보

500인의 방

았습니다. 그리고 메디치 가문의 예배당인 산 로렌초 성당으로 향합니다. 외부는 투박하고 단순하고 다소 허름하기도 하지만 정교한 조각들이 가득 찬 내부에 들어와 보니, 역시 메디치가의 화려함이 돋보입니다.

셋째 날

우피치 미술관

메디치가의 여운을 뒤로 하고, 오늘도 새로운 해가 밝았습니다. 오늘은 피렌체의 핵심인 우피치 미술관을 관람하는 날입니다. 메디치 가문의 마지막 상속녀인 안나 마리아 루이자가 메디치 가문의 오피스 건물을 피렌체시에 기증하며 오늘의 우피치 미술관을 탄생시켰습니다. 예술과 예술가를 지원한 메디치 가문이 소장했던 2,500점 상당의 작품을 피렌체

시에 내놓아서 우피치 미술관은 세계 최대 최고의 르네상스 작품 소장 미술관이 되었습니다. 인류에게 통 큰 선물을 한 메디치 가문에게 감사 박수를 보냅니다.

미켈란젤로의 다비드상

미술품에는 문외한인 저는 안목을 키우기 위해 보고 다시 보고, 시험공부를 하듯 보아도 우피치 미술관에 소장된 보물들을 눈여겨보기에는 아직도 역부족입니다. 제 눈은 혹독하게 교육을 받고 있습니다. 그래도 보티첼리의 '비너스 탄생'이며 '봄'이라는 작품에서 그리스 신화를 기초로 삼은 배경을 살필 줄 알고, 역사·철학·신화의 세계를 넘나드는 예술품 보는 남다른 안목이 있다고 허풍 한번 떨어봅니다. 우피치 미술관 복습을 마치고, 옛적 처음 피렌체에 발 디딘 날에 시뇨리아 광장에 서 있는 다비드 조각상 복제품을 진본으로 착각하고 감탄사를 연발했던 무식함을 오늘도 부끄러워하며 미켈란젤로의 다비드상 원본을 만나려고 아카데미아 미술관 앞에 줄을 섰습니다.

돌팔매 끈을 왼편 어깨에 메고 골리앗을 응시하는 침착한 눈매와 살아 숨 쉬는 근육의 용맹함을 느낄 만큼, 작품을 보는 눈이 구약성서 속 다윗과 골리앗의 대결에 연계되고 있음에 어깨를 으쓱해봅니다.

복제품 미켈란젤로의 '다비드상'(왼쪽)과 바초 반디넬리의 '헤라클레스와 카쿠스'

머리와 눈과 다리를 혹사하는 피렌체 탐사 일정을 마치고, 내 사랑 피렌체가 낳은 내 사랑 단테의 상념에 젖어, 내 사랑 베키오 다리에서 몽환적 시간을 보내기로 했습니다. 한강처럼 도심을 가로지르는 아르노강 위의 가장 오래된 다리인 베키오 다리는 단테와 베아트리체가 조우한 다리로 명성이 높습니다. 다리에 매달려 있는 금은세공 가게들로도 인산인해를 이루었습니다. 저는 이 혼잡한 베키오 다리에서 단테와 베아트리체를 찾아봅니다.

9살의 베아트리체가 저편에서 예쁜 모습으로 걸어오고 있다
그녀를 마주친 단테가 혼을 잃고 굳어진 몸으로 마주 서 있다
단테의 눈길을 아는 듯 모르는 듯 소녀가 스쳐 간다
이 순간적 조우(遭遇)로 단테의 일생이 베아트리체에게 함몰한다

베키오 다리

단테의 허공 속 여인이 되어 맴돌던 베아트리체가
신곡(La divina commedia, 神曲)을 통하여
허상에서 실상으로 형상화되며 단테를 인도한다
슬픈 연인이 환희의 한 쌍으로 만세토록 만인의 가슴에 영생하고 있다
노년의 나도 단테와 베아트리체의 사랑을 꿈꾼다

피렌체 첫 방문길의 서른 초반이었던 제게 단테가 선물해준 그 목걸이를 하고 그 반지를 끼고 최대한 아름다운 자세를 지으며 베아트리체가 되어 다리를 밟아봅니다. 단테가 저편에서 황홀한 얼굴빛으로 다가오고 있습니다. 베키오 다리 중간쯤에서 만난 단테와 베아트리체가 가벼운 포옹을 하고 황혼이 깃든 다리에서 노을을 바라봅니다. 피렌체 상공에, 베키오 다리 위로, 몽상의 무지개가 뜨고 있습니다.

인연을 누리며,
자연과 벗하며

세 딸과 세 손자로부터 큰 기쁨과 행복을 선물 받을 때마다, 부모님이 더욱 그리워집니다. 희로애락을 주던 인연들도 떠오릅니다. 또한 세상에 태어나면서부터 누리던 자연, 특히 각종 꽃들은 인연들에 못지않은 저의 벗입니다. 인연과 자연에서 얻은 이야기를 여기에 펼쳐놓습니다.

1

나를 위해 미리 울고 슬퍼하는 손자 이야기

 딸만 셋 둔 할아버지가 첫 손자 태어난 소식에 덩실덩실 춤을 추었습니다. 이 녀석은 유난히도 밤잠이 없어 녹초가 되는 것은 가족들뿐입니다. 100일 안 된 손자가 밤마다 천장에 매단 벌 아줌마와 이야기를 합니다. "어어 아아" 하면서 빙긋 방긋 웃고 지냅니다.

 세 살 난 손자가 와락 제 가슴을 파고들며 흐느낍니다. '할머니 늙으면 안 돼요. 할머니 늙으면 죽으니까, 할머니 죽으면 난 너무 슬퍼요' 손자의 외침이 머릿속을 하얗게 만듭니다. '늙으면 안 된다, 늙으면 죽는다, 죽는 것은 슬픈 일이다' 가슴이 먹먹하고 눈시울이 뜨겁습니다. 철부지 손자가 도대체 언제, 누구에게서 배웠을까요. 달 월(月), 사람 인(人)을 가르치니 月에 人을 붙여 쓰고 '달밤에 사람이 간다'라고 풀이했습니다. 심심풀이로 오목을 가르치니 가족들을 모두 제치는 실력을 발휘하는 아이입니다. 글자도 제대로 모르면서 아무 책이나 펼쳐놓고 중얼거리며 이건 뭐냐, 저건 뭐냐 성가실 정도로 질문이 많은 중에 때때로 퍼뜩 손자의 비범함이 엿보였습니다. 이래서 손자 자랑은 돈 내놓고 하는가 봅니다. 할미 품에 껌딱지처럼 붙어 떨어지지 않는 손자를 강제로 떼어가는 어미, 아비 얼굴에는 서운한 감정이 보입니다. 헤어질 때 언제나 한참 눈망울 깜빡이다 눈물 흘리던 모습, 할미에겐 이상하게도 일생 잊지 못할 행복한 추억으로 남아있습니다.

성적은 초등학교 고학년 때 가서야 선두그룹에 들었다고 합니다. 통일 글짓기에서 유일하게 반대론을 당차게 적었고, 좋아한다는 쪽지를 받고 즉각 찢어버려 그 여학생을 울렸다고도 합니다. 우리 손자는, 성격은 조용하나 자기 주관이 분명하여 '영감님' 칭호를 받았습니다. 공 뽑기로 입학생 선발하는 중학교에 파란 공을 뽑아 낙방했습니다. 오기가 나서인지 굳이 그 학교에 가고 싶다고 합니다. 이유는 운동장 벤치에 앉아 영어로 이야기하던 학생들이 부럽다는 것이었습니다. 1년 후 편입시험으로 기어이 그 학교 학생이 되었습니다.

한복 비스름한 교복을 입고 우유 파는 고교생들을 기이하게 본 적이 있습니다. 그런데 손자가 굳이 그 고등학교에 가겠다고 합니다. 애지중지 손자인지라 그 뜻대로 하게 두었습니다. 입학식도 특별나서 대한민국에 이런 고등학교가 있는 게 신기했습니다. 함께 먹고, 자고, 배우고, 토론하고. 웬만한 대학 교육과정보다 탁월하고, 예의범절에 친하고 동기생 간에, 선후배 간에 협동심도 대단하다고 합니다.

우리 손자는, 순수 국내 중고등학교를 다닌 후 미국 명문대학에 들어갔습니다. 대학교 1학년 과정을 마치고 군대에 자원입대하여 맹호부대에서 혹독한 군 생활을 필하고 다시 복학을 한 후, 조교를 하고 인턴으로 학비 보태가면서도 성적은 전 과목 A를 받았답니다. 게다가 3학년 조기 졸업에 상까지 받고 구글에 취업했습니다. 이런 졸업생들 배출하는 고등학교를 없앤다고 합니다. 일찍부터 미국의 보딩 스쿨에 보내 이미 자녀 유학생 만든 부모 중에, 수입 소고기 광견병 문제와 반미사상 부르짖고도 자식 미국 보낸 부모 중에, 누군가는 평등을 구실 삼아 교육 평준화를 외치며 대중을 이끌기도 합니다. 글로벌 인재양성을 가로막는 무차별 평등사상이 마음에 걸립니다.

파스퇴르 우유가 주인이 바뀐 지 오래입니다. 그런데도 아침마다 그 우유를 마십니다. 그런 고등학교를 설립한 그에게 감사한 마음으로 그 우유를 마십니다. 학교 평준화정책 앞에 나라의 장래가 걱정됩니다. 할미를 위해 미리 울고 슬퍼하던 손자의 앞날이 더욱 기대가 됩니다.

2

군입대 자원한 둘째 손자 이야기

투실투실한 녀석은 웃음도 큽니다. 벙긋벙긋 웃다가도 벼락같이 울어대고 눈물양도 넉넉합니다. 형보다 두 배 먹고 두 배의 잠을 자는 둘째 손자. 거칠기 짝이 없어 '와일드 베이비'라고 닉네임을 붙여봅니다. 세 명 손자 중에 이 녀석은 유별나게 할아비를 좋아합니다. 할아비 품에만 가면 종일이라도 그 큰 웃음 그칠 줄 모릅니다. 할미 가슴팍에 껌딱지 되는 형과는 사뭇 다른, 그 큰 덩치 때문에 가슴 넓은 할아비 품을 선호하나 봅니다. 자랄수록 몸집과 힘이 형을 능가해 가도 묘하게 위계질서를 스스로 깨우쳐서 마지막 선은 단 한 번도 넘지 않는 희한함이 있어서인지 약이 오른 형은 '엄마 저거 쓰레기통에 버려요'하고 울부짖곤 했습니다.

운동장이 가깝고 책상은 멀어서, 책 읽기는 건성건성 축구와 야구, 놀기에는 지치는 기색 없이 하루건너 몸 다쳐서 지금까지도 무릎이 성치 않은 듯합니다. 그래도 의자에 앉는 날엔 파스텔 채색에 예쁜 그림이 탄생하곤 합니다.

떡 벌어진 어깨며 미남으로 자란 손자가 중학교에 가더니 웬일인지 온순함으로 성숙해갑니다. 담임선생님은 마음이 맑아 크리스털처럼 순수하고 예쁘다고, 온실 속 화초 같아서 세상 어떻게 헤쳐나

갈까 걱정된다고 하셨습니다. 어느 날부터 갑자기 조용해지면서 의자에 엉덩이 붙이는 시간이 많아졌습니다. 무슨 사연 있는지 신경 쓰여 말없이 머리를 쓰다듬으니 "할머니, 염려마세요, 형 가는 길 따로 있고 제가 가는 길 따로 있어요." 하였습니다. 그 말 한마디가 번쩍이는 번개 속 천둥소리가 되어 손자를 와락 부둥켜안았습니다.

지도자급 사명감을 갖고 열심과 세심으로 반장 노릇도 하고 집안 안팎일 거들며 형과 손발도 잘 맞추는 우리 손자. 생일 두 달 차이 나는 사촌과도 친구처럼 형처럼 오순도순 가깝습니다. 여전히 고운 색깔 모자부터 운동화까지 파스텔톤을 가까이합니다. 이과를 택한 손자를 보는 눈들이 집안에 의사 한 명 나오기를 은근히 기대합니다. 할미인 저는 손자며느리는 몰라도 손자는 의사 안 시킨다고 한사코 우겨댔습니다. 병치레로 자주 드나들며 보는 의사의 길은 너무 고난도 직업인 듯합니다.

과학고등학교에 간 손자가 고2 때 카이스트에 입학했습니다. 졸업식에서 할미는 웃음보다 갑절 큰 눈물을 흘렸습니다. 형이 다니는 스탠포드대학과 유사한 대학 캠퍼스가 대전에 있는 줄 미처 몰랐습니다. 대한민국 먹이사슬을 네가 책임지라고 큰 짐을 맡겨 보았습니다. 내로라하는 기업에서 인턴을 한다고 합니다.

마음 곱고 TV 스타 빰칠 손자에게 여자 친구 없다는 게 믿기지 않습니다. 또래 여자애들은 안목이 없는지, 손자 눈이 높은지 헷갈리던 차에 집 근처에 사는 여자 친구 생겼다고 소식통이 귀띔을 합니다. 할미 눈엔 어리숙하고 마음 약한 손자로 보여서, 손자를 호출하여 모른 척 시치미를 떼며 여자 친구 조건을 제시해 보았습니다. 머리 좋고 마음 고운 여자 친구를 사귀어야 한다고. 손자 왈, '할머니, 말씀대로 그런 여자 친구 사귀고 있어요' 합니다.

허약한 군인 급식 문제가 연일 뉴스거리가 되고, 그보다 COVID-19 사태로 집단생활이 염려되는 시기에 군복무의 의무 없는 손자가 기특하게도 굳이 군인이 된다고 했습니다.

옳거니! 세상은 넓고 경험 쌓을 일은 많다.

남자는 군대에 갔다 와야 한다는 꼰대 할미 잔소리 때문인가, 기특한 각오와 처신을 한 손자와 세찬 하이파이브를 날렸습니다. 유치원 시절에 할미와 손가락 걸며 약속한 것도 잊지 않고 있습니다. "1,000원을 벌면 그중 700원은 할미한테 준다 했었지? 지금도 월급 중 70% 할미한테 준다는 그 약속 유효하다고 했다?" 그 약속 때문에도 할미가 오래 살고 볼 일입니다. 묵묵히 자기 갈 길을 알아서 찾아가는 내 사랑 손자의 내일이 무척이나 궁금해집니다.

3

막내 손자가 엮어내는 미국 이야기

두 달 만에 보스턴 공항에서 손자를 안았습니다. 흐느껴 울며 몇 밤을 자고 서울 가느냐고 묻기부터 합니다. 할머니 따라 서울 갈 거라고 다부지게 말합니다. 엄마, 아빠 품보다 할미 품이 그립나 봅니다. 울컥하는 저에게 뜻밖의 손자 말이 저를 멍하게 했습니다. '수두 앓을 때보다 더 갑갑해 여기 못 살겠어요' 학교에서도 식당에서도 미국말만 써야 하고, 미국말을 못해서 친구 사귀기도 어렵다고 합니다. 수두 앓던 때 그 이상으로 갑갑하고 답답하다니... 초등학교 1학년 손자가 아주 어릴 적 수두앓이 때를 기억합니다. 오죽하면 그때의 기억을 떠올리며 미국생활을 하소연하는 것일까요. 떠나오는 날 울며 따라나서는 손자가 내내 가슴을 저리게 했습니다.

6개월 후 공항에서 활짝 웃고 품에 안기는 손자와 재회했습니다. 선생님 소개부터 서너 명의 친구 이름을 대며 연신 조잘거립니다. 이스라엘 부모를 둔 마탄처럼 미국 시민권이 있으면 좋겠다고도 합니다. 미국에서 살기 싫다던 너를 서울로 데려가려 할미가 왔노라 했습니다. '아니에요, 미국이 좋아요' 하며 정색하고 손자는 씩씩하게 쳐다봅니다. 연필을 턱에 끼워 친구들을 웃기며 왕초 노릇 시작했다고 합니다. 영어를 못해도 선생님은 알아들으시고 칭찬해 주신다고 합니다. 손짓, 발짓, 몸짓으로 친구들이 자꾸 같이 놀자고 한답니다. 좋아하는 여자 친구도 생겼다며 어미가 귀띔을 했습니다. 돌아오는 날 공항에서 제게 뽀뽀를 하는 손자를 안고 눈물을 흘렸습니다. 손자가 제 눈물을 닦아주며 자기 걱정은 말라고 합니다. 대견하고 기쁘기도 한데 가슴속이 허전해지는 까닭을 모르겠습니다.

넉 달 만에 훌쩍 큰 손자가 공항에서 제 품으로 달려왔습니다. 크리스마스를 막 넘긴 거리에는 여전히 그 흔적들이 생생합니다. 문득 미국 산타 할아버지가 무슨 선물 주시더냐고 물어보았습니다. '할머니 아직도 제가 애기인 줄 아세요, 산타는 없어요' 어미가 멋쩍게 며칠 전 크리스마스 이브 사건을 털어놓았습니다. 카드에 영어 손글씨로 산타에게 온 편지를 써넣은 것이 화근이 되었다고 합니다. 잠에서 깬 손자가 선물을 뜯더니 대성통곡을 했다고 합니다. '산타는 없어요, 엄마가 지금까지 나를 속였어요, 산타 편지 엄마 글씨예요, 크리스마스에 더 이상 산타를 기다릴 수 없다는 게 슬퍼요' 8살까지도 속아준 손자에게 고마운 마음입니다. 순둥이 막내 손자에게서 동심의 세계가 한 조각씩 날아갑니다.

초등학교 2학년이 된 손자가 해리 포터 책을 들고 공항에 나타났습니다. 미국 본토 발음에 자연스러운 제스처로 녹아나는 영어를 합니다. 이곳저곳 저를 안내하고 저의 영어를 교정해줍니다. 우리 손자는 부모들이 심판인 주말 야구팀에서 1번 타자로 대장 노릇을 한다고 합니다.

1년 반 동안의 보스턴 생활을 마치고 떠나는 날이 왔습니다. 반 친구들 모두에게서 편지와 선물을 받았다고 합니다. '너는 우리의 영웅이었어'라고 쓴 카드가 저를 감격하게 했습니다. 손자 눈에 맺힌 눈물이 시민권 없음을 안타까워합니다.

귀국 두 달 후 공모전에 뽑힌 손자의 글이 실린 미국 신문이 왔습니다. 이때부터 손자는 겁도 없이 영어 글쓰기 문학인의 꿈을 꾸었습니다. 여름방학 캠프에 가겠다고 졸라서 친구들과도 재회를 했습니다. 이별파티에서 아일랜드 춤으로 '댄스 킹'이 되었다고도 합니다. 지금도 그 녀석 책꽂이에는 손때 묻고 너덜너덜해진 해리 포터가 있습니다. 대여섯 번을 정독한 해리 포터 덕에 손자의 영어 실력이 대단합니다. 주니어 잡지 미국 공모전에도 당선되었으니까요. 드디어 그 손자가 국내 고교를 졸업하고 미국 10대 순위 안에 드는 대학에 유학을 하여 저를 기쁘게 하였습니다.

한 학기 다니던 도중에 손자가 새 꿈이 생겼다고 합니다. 생존을 위해서 경제학을 택하고 부전공을 글쓰기로 하겠답니다. 융복합 학문 시대에 영특한 계획을 세운 손주가 기특합니다. 배움에 대한 욕심은 깊고 넓을수록 좋은 것입니다. 노벨 경제상 수상자가 제일 많은 대학이니 대단한 경제학자를 꿈꾸어도 좋겠고, 글쓰기 실력을 살려 세계적 문필가로 거듭나도 또한 더 좋겠습니다. 노력 없는 꿈은 공상이요, 망상인 것만은 언제나 염두에 두어야 한다고 했습니다. Que Sera, Sera! 네가 되고 싶은 사람이 될 것이다!

크고 넓은 세상에서 마음껏 배우라고 일껏 유학을 보냈습니다. 그 손자가 COVID-19로 서울에 와서 온라인 강의를 듣고 있습니다. 그래도 할미는 손자를 자주 볼 수 있어 좋습니다. 손자도 미국보다 편하다고 좋아하니 더럭 안주할까 겁이 납니다. 그리도 좋아하던 미국생활보다도 한국이 좋다고 합니다. 집밥이 좋아서인지, 확진자가 기하급수적인 미국이 무서워서일지도 모릅니다. 신경 쓰이는 할미에게 엄지손가락 치켜세우고 전자제품 AS받는 일, 음식물 등 신속배달이 최고라고 외칩니다.

손자가 드디어 대면강의를 앞두고 다시 미국으로 날아갔습니다. '국가는 왜 망하는가' 저자교수들 밑에서 심부름 한다더니 졸업을 앞두고 프리닥(Pre. Doc.) 연구직 계약을 했다고 합니다. 막내 손자가 엮어나갈 내일의 미국 이야기를 기대하고 있습니다.

번개팅

뒤러(Albrecht Dürer)의 '기도하는 손'

오니 온 줄 아나
가니 간 줄 아나
왔다 하니 온 줄 알고
갔다 하니 간 줄 아네

그나마도 소식 반가워
남편보다 앞세우고
자식보다 사랑 키운
내 품 떠난 손자 위해

남편보다 더 크고
자식보다 더 복되기를
기도하는 손등 위로
은방울이 흐르네

　한창 분주다사할 청년기에 접어든 손자들이 제게 그만큼의 사랑을 주는 것도 기특한 줄 알면서, 조금이라도 더 보고 싶은 심정을 표현합니다. 우리보다, 우리 자녀보다 손자들이 더 잘 되고 더 복받기를 갈구하는 조부모의 손자사랑 기도이기도 합니다.

5

어미 새의 노래

마음 졸이는 출근길에 전화가 걸려왔습니다. 암 조직이 발견되었다고, 임파선 암이라고! 순간적으로 몸이 앞으로 고꾸라졌습니다. 눈앞이 캄캄하고 목구멍으로 뜨거운 덩어리가 솟았습니다. 스물한 살 나이에 병명도 모른 채 서른을 넘기기 어렵다는 판정을 받았던 저였고, 마흔도 안 되어 중증 위암 통고를 받았던 남편입니다. 그리고 이제 서른을 겨우 넘긴 자식에게 내린 임파선 암 선고.

자세를 곧추 세웠다
이를 악물었다
두 주먹 꽉 쥐고 부르르 떨었다
또 싸우자, 또 이겨야 한다

일생 동안 꽤 여러 번 겪은 하늘만 한 고통이 닥칠 때, 순간적으로 땅을 박차고 벌떡 일어서는 힘. 극한 상황에 대처하는 이 힘을 어디서 빌리는지를 저는 지금에서야 조금쯤 헤아릴 수 있습니다.

겨드랑이 멍울이 주먹만 한 혹으로 불거지도록 밖에서는 일에 쫓기고 안에서는 두 아이 기르느라 자기를 돌볼 수 없던 미련하고 순한 내 자식. 방을 같이 쓰면서도 이 지경까지 무심했던 남의 자식. 분노가 활화산이 되고 용암이 끓어올라도 침묵하였습니다. 병실에서 조용히 울며 지새우는 자식에게 임파선 암은 거의 완쾌가 가능하다고 안심시키는 어미는, 자식 보기에는 아마 야속했을 정도로 평온을 가장하였습니다. 간단한 짐을 챙기고 꼬물거리는 강아지 같은 두 손자를 대전에서 서울로 데려온 날, 두 놈을 재워놓은 후 화장실 수돗물 틀어놓고 엉엉 소리 내어 울었습니다.

수술 자국이 아물도록 치료받던 입원 생활은 차라리 폭풍전야의 고요 같았습니다. 퇴원 후 본격적으로 항암 치료가 시작되면서 그 고요는 굉음을 내며 무너져 내렸습니다. 구역질과 통증으로 고통스러운 시간을 보내는 자식의 모습. '엄마, 나 죽겠어' 괴로움과 공포심까지 호소하는 딸을 부둥켜안고 처음으로 함께 대성통곡하며 다시 응급실로 향할 때 원망의 기도가 하늘을 뚫을 듯 했습니다. 초등학교 시절부터 '꿈'에 관한 일기와 동시(童詩)를 많이도 적어 놓으며 유난히 크고 높은 꿈을 품던 딸에게 닥친 이 혹독한 병마와의 싸움에서 기필코 이겨내겠다고 이를 악물었습니다.

일정 기간을 두고 항암주사를 맞고 항암치료를 받는 날들이 계속되었습니다. 고통스러운 시간이 길게 이어졌습니다. 꼬물꼬물 철없는 손자들은 종일 엄마 곁에 있음에 행복해했습니다. 음식을 조금이라도 삼킬 수 있게 해준다는 전복 국물, 게장 그리고 비스켓… 이런저런 먹거리들 찾고, 무농약 생야채 무균 환경 만들기에 무식하고 염치없을 정도로 이웃들에게 손 벌리며 눈과 귀를 기울였습니다.

머리카락이 하나둘씩 셀 수 있을 정도로 빠지기 시작하더니 마침내는 흰 베갯잇을 넘어 자리에까지 수북하게 검은 테를 만들었습니다. 잠든 것 같아 몰래 들어가 머리카락을 살살 긁어모았습니다. '엄마, 내가 치울게요, 그냥 두세요' 여린 목소리가 들려옵니다. 듬성듬성해지는 머리카락을 이미 꿰뚫어 알고 있던 그 떨리는 말소리가 어미 가슴을 사정없이 때렸습니다. 유독 엄마 머리를 만지고 자는 잠버릇 가진 둘째 놈이 민둥머리 엄마 머리를 어루만지며 이렇게 말했습니다. '엄마, 걱정 마, 엄마가 먼저 하늘나라에 가 있으면 나도 하늘나라로 가서 엄마하고 살 테니까' 누가 무슨 말을 하였길래 그 어린놈 입에서 이런 이야기가 나오느냐고 가족들을 족쳤지만 아무도 안 했다고 고개를 젓습니다. 아마 어멈이 하늘나라 이야길 했는가 봅니다. 저는 딸에게 지금까지도 그 이야기를 물어보지 못하고 있습니다. 이제 그로부터 많은 시간이 흘렀습니다.

　시련과 연단이 더한 세월을 이겨낸 너는,
　네 고등학교 시절 즐겨 부르던 노래 가사대로
　지금 훨훨 날고 있다. 더 높이 더 높이 훨훨 날아올라라.
　어미는, 하늘나라 가서도 네게 힘 실어주는 어미 새가 되리라

　　　　나는 한 마리 이름 없는 작은 새
　　　　저 푸른 하늘로 훨훨 훨훨 날고 싶어라

129

6

새로운 시각에서 본 사유공간
-한국현대미술가 100인 중의 한 명인 자랑스러운 친구의 전시회에서-

스스로 마련한 공간에 그려져 있는 형태와 색상이
그대만의 사유를 담고 이리 저리 날고 있다
마음껏 사유를 펼치는 그대의 자유를 진정 부러워한다

그대 사유의 공간에는 농익은 사랑이 붓 따라 넘치고
샘솟는 사랑이 내 마음의 그릇까지도 넉넉히 채워준다
인류의 가슴에도 번져가는 사랑 심는 그대의 따스함이 흐른다

관람자는 백 번을 보고 다시 보아도
작품 위에 그 자신의 사유를 덧칠하고 있을 뿐
그대 사유의 주변조차 거닐 수 없게 하는
독창적 창작력이 번득이고 있다

여전히 여백을 남기는 그대 사유의 공간은
마침표를 남기지 않은 채 푸르른 여백에도, 검붉은 공간에도
궤도 없이 출몰하는 창작의 몸부림이 뭉게구름 되어 피어나고 있다

그대는 내일의 또 다른 공간에서 새록새록 사유의 노래를 부르고
나는 그대의 창작품 앞에서 내 멋에 겨운 춤을 추며
내일을 열어가는 동행자로 함께함을 뽐내고 싶다

언젠가는 하늘과 땅을 공간 삼아 탄생한
하늘만큼 땅만큼 거대한 사유의 공간에서
세계 최고, 최대 사유의 춤판을 펼치는
그대의 날이 오기를 목말라 한다

그 목마름으로 묵묵히 그대를 지켜보며 서 있다

새로운 시각에서 본 사유공간(원문자 作)

벨파스트와 동해시
-눈으로 보고 마음으로 가다-

눈으로 보는 영국의 북아일랜드 지역 벨파스트

벨파스트 퀸스 대학

2008년 아일랜드공화국을 가는 길에 영국의 벨파스트를 여정에 추가하였습니다. 6만 년 전의 자연 현무암이 판에 찍은 듯한 높고 낮은 4만여 개의 기둥을 만든 곳, 태곳적 자연과 멋진 바다 바위를 볼 수 있는 세계문화유산 자이언트 코즈웨이(Giant's Causeway)와 벨파스트 퀸스 대학(Queen's University Belfast)을 보고 싶어서였습니다.

원래의 아일랜드 섬은 가톨릭교 대(對) 개신교라는 종교 간의 갈등문제를 주된 원인으로 하여, 가톨릭 교인들이 절대적으로 많은 한 쪽은 일찍이 아일랜드 공화국으로 독립국이 되었고 개신교가 훨씬 많은 영국을 지지하는 다른 편인 아일랜드 섬 북쪽은 영국에 속하는 북아일랜드 지방으로 나누어졌던 것입니다. 지금도 영국에 속하는 북아일랜드의 지방 수도가 바로 벨파스트입니다.

아일랜드 공화국을 둘러보고 나서 안내자에게 벨파스트를 들러

겠다고 했더니, 안내자가 벨파스트와의 국경지대를 보여주겠노라고 하여 노을이 깊어가는 즈음에 바리케이드가 있는 북아일랜드와의 접경지역으로 안내를 받았습니다. 지난 날 대기근으로 인하여 수많은 사람이 죽어갔고, 많은 사람이 아일랜드를 떠나 호주, 뉴질랜드, 남아프리카 연방 등지로 이민을 가야했던 과거 아일랜드 역사를 기억할 때면 마음이 아팠었는데, 아침에는 바리케이드가 열리고 저녁에는 닫힌다는 아일랜드공화국과 영국에 속하는 북아일랜드 간의 접경지역 현장을 보니, 철통같이 방비되고 있는 한반도의 38선이 머릿속에서 교차되며 오히려 우리나라 처지에 가슴이 더욱 쓰려집니다. 이런 제 마음의 동요를 알아차렸는지, 안내자는 제게 충고를 했습니다. 남북 아일랜드 사이에 언제나 평온이 넘친다고는 예측하지 말라, 벨파스트에 가서는 조심해야 된다고. 특히 그곳에 머무는 동안은 아일랜드 번호판이 달린 차량이 파손되는 사례가 많다고 귀띔 해주었습니다.

아침 일찍 아일랜드 공화국에서 영국 땅 벨파스트를 향해 출발하여 타이타닉 박물관, 르네상스 양식의 벨파스트 시청 등을 관광한 후 벨파스트 퀸스 대학에 이르렀습니다. 그 역사가 깊고 영국의 명문대학 중 하나인 이 대학 건물은 은근히 근엄하면서도 아름다웠고, 대학 부근의 정원과 조형물들이 대학을 더욱 매력적이게 하고 벨파스트 주민의 묵직하면서도 평온한 성품을 보여주는 듯하여 긴장감이 스르르 풀렸습니다. 그러나 이튿날 아침 기상하자마자 자동차 백미러가 파손되었으니 교체 후 출발이 가능하다고 하여, 여행지마다 아침 식사 전에 일찌감치 호텔 주변을 산책하고 사진도 찍던 습성을 억제하고 조금은 두려움을 느끼며 호텔 방에서 자동차가

수리되어 오기를 기다릴 수밖에 없었습니다. 다행히 비교적 신속히 파손된 부분을 고치고 자이언트 코즈웨이로 향할 수 있었던 기억이 납니다.

그 후, 2020년 1월에 벨파스트로부터 날아든 깜짝 소식 하나는 힐러리 클린턴이 벨파스트 퀸스 대학교의 (명예)총장으로 취임하였다는 것입니다. 그 대학으로 부터 과거 명예학위를 받은 바 있는 그녀는 유서 깊은 대학의 첫 여성 총장으로 대학의 홍보대사 및 고문 등으로서의 상징적 역할 수행을 하게 되었다는데, 아일랜드계의 미국 대통령이었던 남편인 클린턴이 있었기에 영국과 아일랜드 공화국 간에 체결된 1998년의 벨파스트 평화협정과 관련해서는 물론 그녀로서도 여러모로 남북 아일랜드를 위한 많은 일에 기여했으리라는 생각을 해 보니 크게 놀라운 일은 아니었습니다.

따지고 보면, 아일랜드에 조상의 뿌리를 둔 전직 미국 대통령은 10여 명이나 되고, 그 중에서도 아일랜드에서 조부모 네 분이 모두 미국 땅으로 이민 온 아일랜드 명문 가문 출신 케네디 대통령을 위해서는 아일랜드 공화국에 그를 기념하는 케네디 공원을 두고 있을 정도로 아일랜드와의 끈끈한 인연을 자랑하고 있습니다. 누구보다도 본인이 아일랜드 혈통임에 대한 자부심을 드러내는 미국 대통령은 바로 현 바이든 대통령일 것입니다. 바이든 대통령은 부통령 시절에도 캐머런 영국 총리를 초청한 만찬 자리에서 "내 아일랜드 외할아버지가 영국 개신교도들과는 말도 섞지 말라고 했는데 지금 한 자리에 앉아 있다니 할아버지가 무덤에서 일어날 일이다"는 농담을 해서 좌중을 웃겼다는 일화가 있을 정도이고, 또 금년에는 아직 오미크론의 터널을 벗어나지도 않았고 거기에 러시아의 우크라이나

침공 사태에 대응하는 정책 짜기에
여념이 없을 시국임에도 바이든 대통
령은 백악관에서 아일랜드의 '성(聖)
패트릭의 날(St. Patrick's Day)'을 기념
하는 파티를 연다고 하여 언론의 비
판을 받기까지 할 정도로 본인이 아

2008년 성 패트릭 데이 행진

일랜드계임을 기꺼이 드러내고 있습니다. — 성 패트릭의 날은 아일랜
드 성직자였던 패트릭의 사망일로 아일랜드의 상징색인 녹색 옷과 액세서리로
치장하고 맥주를 마시며 퍼레이드를 하는 기념일입니다. 우리나라에서도 3월
17일이면 청계천 일대에서 아일랜드 한국주재대사관이 이 기념행사를 주관해
오고 있습니다. — 그 외에도 우리가 익히 알고 있는 루즈벨트, 레이
건, 조지부시와 그 아들 부시 대통령 등 여러 명의 미국 전직 대통
령이 아일랜드계이고 오바마 전 대통령도 어머니 쪽으로 한참을 거
슬러 올라가면 아일랜드계라고 합니다.

또 최근에, 바로 2022년 4월에 들어서며 새로운 벨파스트 소식이
전해졌습니다. 아일랜드 공화국과 영국간의 평화협정 이후 20여 년
지나는 동안에 그 유례를 찾아볼 수 없었던 대규모 폭동이 벨파스
트에서 발생하여 경찰이 이른바 살수차를 동원하기까지 하며 이를
진압했다는 것입니다. 북아일랜드에는 그동안에도 여전히 신·구교
주민 사이에 종교적 갈등문제로 분쟁이 계속되어 왔고, 또 독립국
아일랜드와 통합하여야 한다는 파와 영국의 영토로 계속 있겠다는
주민 사이의 갈등에 기인해서도 크고 작은 사건들이 발생해 왔습니
다. 생각해 보면, 우리 국민들은 서로의 종교를 이해하고 종교 간에
갈등 없이 화합하는 국민이라고 생각됩니다. 우리 국민들의 심성

안에 상호 너그러운 신심(信心)이 깃들어 있는가 봅니다. 다만 최근에 들면서 이념으로 갈등이 심화되는 우리나라의 모양새로 보아 종교문제가 아닌 남북 간의 통일문제에 관련하여 장차는 이 땅에 통일을 원하는 편과 그렇지 않은 편으로 또 다시 양분되는 지경에 이르면 어쩌나 하는 염려가 들게 하는 벨파스트 상황입니다.

마음이 가는 영화 '벨파스트'

요즈음 마음이 가는 벨파스트 소식 또 하나가 눈에 띄었습니다. 영화 '벨파스트'입니다. 처음 일간지에 '벨파스트'라는 단어가 눈에 걸렸을 때에는 제가 눈으로 보고 온 그 벨파스트에 관한 것으로 여기며 자세히 살펴보았더니 영화 제목 '벨파스트'였습니다.

저는 영화를 거의 보지 않습니다. 영화나 드라마의 한두 장면을 보면 그 스토리가 예상되어, 영화관에 가면 캄캄한 어둠 속에서 엉뚱한 다른 생각으로 머리만 복잡하고 가슴이 답답해지기 때문입니다. 또 어쩌다 집에서 TV 드라마를 보는 가족들 옆에 앉으면 쫓겨나기 마련입니다. 딱 보면 스토리의 이전 내용을 알아맞히고 앞으로 전개될 방향을 예측해 주어서 그들의 흥미를 반감시키기 때문입니다. 제가 마지막으로 본 영화는 '가문의 영광'이었는데, 당시 복잡한 여러 심경에 실컷 웃는 영화나 있으면 보겠다고 했더니 가족들이 보여준 영화입니다.

이런 제게도 벨파스트에 관한 유별난 기억과 추억이 떠올라서 영화 '벨파스트'에 관한 줄거리를 살펴보니, 1960년대 후반에 실제로 벨파스트 어느 동네에서 일어났던 신·구교 간의 종교싸움을 배경으로 하여 천진난만한 9살 소년이 겪었던 마을의 폭동사건이 주는 공포감, 다른 한편으로는 즐겁게 뛰놀던 고향에 대한 애착과 미련을 함축시킨 스토리가 펼쳐지고, 떠나는 자와 남아 있는 자의 이산가족으로서의 아픔이 깔린 따뜻한 가족이야기가 그려져 있는 영화인 듯합니다.

아일랜드 섬에서 과거에도 있었고 현재에도 발생하는 천주교도와 개신교도 간의 크고 작은 분쟁, 폭동이라는 이름을 붙이는 사건들에 관하여는 제 엷은 믿음 때문인지 이해가 가지 않는 부분이 많습니다. 같은 하나님을 믿는 두 종교 간의 분쟁으로 보기보다는 오히려 이를 빌미로 하는 여러 가지 복합적 요인의 사건일 것으로 분석하고 싶지만, 다른 나라에서의 실상을 잘 알 수 없는 입장에서는 함부로 이렇다, 저렇다 하고 예단할 사안도 아닐 것 같아서 그저 마음만 꺼림직할 뿐입니다. 그래서 영화 '벨파스트'는 종교적 측면에서라면 이런 이유로 저로서는 외면하고 싶은 영화이기도 하고, 또 다른 한편으로는 제 스스로 믿음 생활에 관한 깊은 성찰적 번민을 하기 위해서라면 보고 싶기도 한 영화가 될 것입니다. 아니, 오히려 영화 '벨파스트' 줄거리가 보여주는 고향, 향수, 따뜻한 가족애와 같은 단어들은 어쩐지 제가 꼭 보아야 할, 보고 싶은 영화라는 유혹을 받고 있습니다. 이는 본향을 당연히 서울로 밝히는 언니들과는 달리, 서울 집 막내둥이인 저의 출생지, 어린 시절을 보낸 강원도 동해시를 제 본향으로 구태여 내세우려 하고 지금 이 나이 되도록 한 해에 한 번씩이라도 그곳에 발자국을 찍고 와야 직성이 풀리는 심성 때문에도 저는 영화 '벨파스트'에 마음이 갑니다.

눈으로, 마음으로 가는 동해시

고향을 생각하고 그리워하는 심리는 사람이면 누구라도 지니는 공통적이고 일반적인 마음이겠지만, 저는 유별나게도 고향 동해시에 대한 그리움이 진한 편입니다. 친인척이 그곳에 살고 있는 것도 아니고 특별한 연고지도 더 이상 아닌 그곳, 제가 살던 집도, 그 크던 꽃밭도 없고 아빠를 찾아 뛰어 다니던 공장 터도 거대한 아파트가 군락을 이루고 그 흔적을 찾을 길 없는 그곳입니다. 가끔 아빠와 은어 낚시하던 그 큰 동해 청천강도 물 한 방울 남기지 않고 자취를 감추었습니다. 특히 36회 졸업생인 제가 다니던 초등학교 울타리에 그득하던 벚꽃나무도 없고 화장실 가는 교정 코너에 자리 잡고 있던 아름드리 호두나무도 사라져버렸고 모퉁이에 서 있던 은행나무 단 한 그루가 고목으로 보존되어 있을 뿐입니다. 그나마 학교 건물이나 시설들은 지금 서울에 있는 어느 초등학교 못지않게 발전, 변모한 점이 저를 흡족하게 해줄 뿐, 오늘의 동해시에는 제가 좋아하던 미루나무 줄 서있던 신작로도 안 보이고 여기 저기 들어선 아파트와 곳곳의 시멘트 포장도로가 어린 시절을 온통 덮어버렸습니다. 왼쪽 귀앓이를 남길 만큼 파도타기, 수영하기를 좋아하던 그 맑고 고요하던 바다는 한 때는 비행장이 되더니, 그 후 철조망으로 출입금지가 되었고 요즈음은 늙어 병들어 있는 모습입니다.

북평초등학교

그렇지만 거기에는 저를 반기는 초등학교 시절의 친구들, 졸업할 당시 6-1 남자반과 6-2 여자반이었던 남녀친구들이 있습니다. 남편이

138

동해시장을 지낸 제 짝도 있고, 지금도 장날이면 반 트럭 자동차를 직접 몰고 농장에서 생산하는 과일 등을 실어 나르는 대단한 여자 친구, 사업하는 남녀 친구, 향토에 있던 대학 부총장을 역임한 남자 동기생, 또 주름 깊은 얼굴에 다소 구부정한 등허리로 여전히 큰 농사 일로 굳어진 손바닥이 있는 친구들이 모두 한결같이 그 어릴 적 해맑은 미소로 저를 환영해 줍니다. 물론 이들 외에도 내로라하는 대기업을 경영하는 현재 서울에 거주하는 초등학교 친구들과 교류하는 기쁨도 있습니다.

그 무엇보다도 저를 즐겁게, 행복하게 해주는 장날에 관한 추억들이 발길을 동해시로 이끕니다. 철없는 그 시절에 장구경하기를 좋아하던 저는 오일장 서는 날이면 학교 공부 쉬는 시간에 장터에 나와 수업시간 시작도 아랑곳 하지 않은 채 교실로 돌아가지 않아도 선생님께서 아무 말씀 안 하실 만큼 장돌뱅이로 유명하였습니다. 장바닥에는 신기한 것도 많고 재미있는 일도 많고 평소에 엄마 아빠가 먹지 못하게 하는 먹거리도 많았습니다. 볏짚에 일렬종대로 묶여 있는 달걀, 발목에 끈을 맨 채 옴짝달싹 못하는 가여운 닭들, 목청 좋은 약장수 아저씨며 가위질 솜씨 좋은 엿장수 아저씨, 산머루, 고염, 칡 나무 덩어리 등 철마다 다른 신기한 산골 먹거리가 있었습니다. 서울에 비하면 제가 살던 고장도 '시골'인데도 '깡촌'이라고 불러대는 '깡촌'에서 온 아주머니, 할머니들이 판을 벌여놓고 팔고 있는 물건들 중에는 제가 보지 못하던 것, 기이한 것들이 많아서, 제가 곡식 종류와 각종 채소, 생선 이름을 잘 알고 있는 것은 순전히 장바닥 헤매기를 좋아한 어린 시절 덕분이라고 생각됩니다.

장날과 관련한 최고, 최대의 즐겁고 행복한 추억은 단연 토끼 사건입니다. 어느 장날, 구석진 곳에서 오밀 조밀한 조그만 곡식 자루 몇 개를 펴놓고 파는 할머니 곁에 소쿠리에 담겨 있는 토끼 새끼가 눈에 띄었습니다. 하얀 토끼털에 빨간 눈을 가진 아주 조그맣고 예쁜 토끼를 보는 순간, 저는 반사적으로 소쿠리를 들어올리며, 저는 몇 학년 몇 반 누구이고 우리 집은 어디에 있고 아빠는 누구라고 통성명하고는 제가 갖고 있던 용돈 몇 푼을 할머니에게 안기고 외상으로 당당히, 거침없이 토끼를 안고 집으로 왔던 사건입니다. 요즈음 말로 아빠 찬스를 쓰며 이런 일을 가끔씩 저지르는 어릴 적의 장날의 추억은 언제나 생생하게 뇌리에서 떠나지 않고 늘 제 마음을 따스하게 해줍니다. 떠나온 고향, 두고 온 고향의 어린 시절 추억이 제 마음을 동해시로 향하게 합니다.

벨파스트 영화를 보아야겠습니다. 눈으로 보고 온 벨파스트가 이제는 고향을 그리는 마음으로 영화 '벨파스트'를 보러 오라고 제게 손짓하고 있습니다.

8

추암 촛대바위

바다를 두른 동산에 올라 숨결을 고른다
하늘 가득 메운 갈매기 떼가
다시 하얗게 바다로 가라앉는다

갈매기 한 마리가 촛대바위 꼭대기에 섰다
바람소리 파도소리 조율하면서
울음소리 웃음소리로 오케스트라를 지휘한다

검푸른 바다 위로 돛단배 한 척이 파도를 넘나든다
파란 하늘에 떠 있는 조각구름마저도
살랑이는 바람에게 노 저어 달란다

수평선 위로 낯익은 얼굴이 떠오른다
하나 둘 구호 선창하고 목청 드높여 노래 부르며
소풍날 해변가를 주름잡던 어린 시절의 내가 보인다

촛대바위

추암 바닷가

9

'있을 때 잘해'
-큰 언니를 보내며-

12살 차이나는 저의 큰 언니는 때로는 엄마처럼 또 때로는 이모처럼 푸근한 기둥이 되어 저를 받쳐주던 존재였습니다. 언니가 갑작스레 3개월 시한부 선고를 받았습니다. COVID-19로 면회가 불허된 병원에 언니는 홀로 있고, 무슨 처방을 내리는지 가늠할 수 없는 채로 가족들은 병원 측의 요구에 따라 연명하지 않겠다는 동의서를 썼다고 했습니다. 저는 얼굴 한 번 보지도 못하고 시한폭탄이 터지기만을 기다려야 했습니다. 가족들도 나름대로 각자의 삶이 있어서 가망이 없는 환자를 집안에 모시는 일이 쉽지 않은 현대생활에, COVID-19 사태로 잠깐조차도 간병할 수 없는 상황이 더해지니 문득 예전의 고려장이 머릿속을 맴돕니다. 언니의 임종이 2~3일을 남기고 있다며 안정실(임종실)로 옮겨지고, 그제야 가족을 대면할 수 있는 길이 열렸다고 합니다. 마침내 두 달 아흐레 만에 언니가 생명줄을 놓았습니다. 며칠간 눈물로 흐려진 제 눈동자 속으로, 사진첩에 묻혀 있는 언니 모습이 서서히 들어옵니다.

꽃밭 옆 포도 넝쿨 아래에서 저와 함께 포도를 따서 먹으며, 이미 대학을 졸업한 언니가 서울에서부터 내려와 부모님과 홀로 지내던 중학교 1학년 막내를 내려다보며 웃고 있습니다. 날씬한 몸매에 그 웃음이 싱그럽습니다. 칙칙폭폭 기차를 타고 모처럼 서울에 올라온 막내에게 흰 바탕에 물방울무늬 원피스를 사 입히고 뿌듯한 듯 돌아보는 양산을 쓴 언니 옆모습이 귀티나게 어여쁘고 은근합니다.

언니의 사체가 벽제 화장터로 향하기 전날, 꼬박 밤을 지낸 막내 둥이 동생이 처연히 만든 수학 공식 하나가 있습니다. 아르키메데스의 원리에 버금가는 생명 공식을 탄생시켰습니다.

> 언니(사람) − 영혼 = 물체(시신, 특수한 물건)

이 세상을 떠나 저 세상으로 간 언니는
더 이상 나의 언니가 아니다
이 세상에서 나와의 삶을 누리던 그 언니는 더 이상 존재하지 않는다
고로 산 자(놈 者)가 존재할 뿐 죽은 자(놈 者)란 없다.

물체를 앞에 두고 애통하며 곡하는 산 자들이여
'있을 때 잘해'라는 노랫말 가사를 기억하라
허허, 이렇게 가는 것이 인생인 것을
허허, 이렇게 가는 것이 인생인 것을

여당 국회의원 8년, 장관 2년 경력의 언니는 유독 야당적 막내 동생 앞에서는 눈치 살피며 기를 펴지 못했습니다. 그러면서도 남

들 앞에서는 막내 자랑이 대단했습니다. 언니가 떠난 지 1년이 되어가는 이즈음에서야 언니에게 "미안해요, 고마워요, 사랑해요"라고 인사를 보냅니다.

나의 아버지

아버지의 말벗 '사출이'

정신 약간 왔다 갔다 하는 사출이가 마을 어귀에 서성이면 몇 첩 반상 차려놓고 정중하게 모시도록 집안에 하명하는 나의 아버지. 깔끔한 어머니는 질색팔색을 하셔도 '사출이는 와세다 대학 중퇴생이요' 이 한마디에 말없이 옷 한 벌 내오며 밥상을 챙기셨습니다. 누가 무어라든 눈 깜빡 않고 거리낌 없이 그와 마주 앉아서 몇 시간이 넘도록 알아들을 수 없는 우리말과 함께 한자어(漢字語), 일어(日語)를 나누고 때로는 직접 먹물을 갈아 투박한 한지에 붓글씨체받기도 하며, 두 발 앞으로 한 발 뒤로 춤을 추듯 걸어가는 그를 아쉬운 듯 배웅하셨습니다. 경성제대도 와세다대에서도 공부를 한 적 없는 저의 아버지는 바쁘고 골치 아픈 사업 중에서도 시시때때로 독서 삼매경이십니다. 와세다 대학 중퇴생 사출이가 타향에서 유일한 말벗 되어서인지 비렁뱅이 사출이와 이렇듯 각별한 인연을 이어나가셨습니다.

아버지의 막내 사랑

애지중지 막내둥이가 초등학교에 입학하자, 손수 디자인한 좌식 책상을 막내에게 주셨습니다. 책상의 정면 벽 위로 태극기를 붙이고, 아래 좌우로 대한지도와 세계지도를 두셨으니 일찍이 세계화 시대를 향한 안목이 있는 아버지라고 할 수 있겠습니다. 보자기로 책보를 만들어 허리춤에 매던 그 시절에 예쁜 공책 사쿠라(벚꽃)표 연필, 크레용 가득 찬 멜빵 가방을 메고, 세라(세일러)복이며 털망토를 입고서 우쭐대는 막내둥이. 이렇게 막내의 사기를 충천하고, 행복으로 충만한 길을 열어주신 아버지셨습니다. 겨울이면 학교에 난로용 석탄을 기부하고 식목일용 꺾꽂이 미루나무 가득 실어도 보내고, 밤마다 머리를 조아리며 선생님들 모시랴 바쁘셨답니다. 어머니는 밥상, 술상, 마작상을 차리기에 허리가 굽으셨습니다. 마을 어른과 웃어른 모시기, 잔칫집과 초상집 의전을 가르치며, 서울 서대문구 서소문동에 본적 가진 아버지는 시골 마을 학교 친구, 이웃까지 두루두루 잘 지내도록 막내를 위해 인심, 물심을 넉넉히도 뿌리셨습니다.

아버지의 남녀평등 사상

서양 의사는 물 주사(링거)로 뚱뚱이 만들어 사람 죽인다고, 굿거리만 하게 하는 어머님께 순종하다 위로 아들 넷을 모조리 잃고, 어머님 돌아가신 후 얻은 딸부터 서양 의사 병원 데려가셔서 네 살 터울 딸만 넷 둔 딸 부자 나의 아버지. 남존여비, 남녀불평등, 남녀유별을 중요시하던 그 시대에도 남자아이들에게 인심 물심에 선심까지 베푸는 전략으로 막내딸을 틈에 끼워 돼지오줌통을 공으로 삼아 축구시합도 하게 하고, 줄넘기, 땅따먹기, 달리기까지도 함께 시킨 선각자이신 나의 아버지. 톱질하기, 못질하기 이것저것 가르치

147

고 다이아몬드가 박힌 유리 칼로 유리 자르는 법까지 알려주시고, 비 오기 직전, 해 넘어가기 전에 은어 낚시를 시키며 '남자 일, 여자 일 따로 없다'라고 말씀하신 아버지. 겨울이면 이웃집 논바닥을 빌려 물을 가득 채워 얼리고, 썰매타기부터 스케이트 태우기를 함께 하시고, 정월 단오절에는 솔밭 길 사이사이에 널뛰기, 그네타기까지 남녀 아이가 함께 놀기를 가르치신 나의 아버지의 남녀평등 사상은 당시로서는 상상하기 어려운 선각자적 교육방식이었습니다.

하늘나라 가신 나의 아버지

담임선생님의 혼인식에서 할 축시 낭독 연습 가는 날 아침, 웅변하듯 하지 말고 부드럽고 예쁜 표정으로 시를 낭독하라던 아버지셨습니다. 연습한 대로 아버지께 들려드리려 뛰어가던 공장 둑길에서 사무실 아저씨 등에 업힌 아버지를 만났습니다. 엄마를 찾고 막내를 부르며 '큰일 났다' 하시던 마지막 말씀과 마을 그득한 상여소리와 펄럭이던 만장 물결은 아직도 내 머릿속에 생생히 기억되고 있습니다. 땅속 깊이 내리는 관을 향해 '아빠'하고 부르며 통곡하던 그날의 산마루엔 눈가루가 뿌려졌습니다. 산 중턱에 홀로 누운 아버지를 생각하며, 으스름 저녁 추운 밤마다 베갯잇을 적시고 저 멀리 보이는 산은 주검 더미 때문에 높아졌나 생각했습니다. 중3 소녀에게 삶과 죽음은 너무 어렵고 아픈 수수께끼였습니다.

헌사

아버지, 나의 아버지
그 철부지 막내가 지금 할머니가 되었습니다.

아버지의 DNA로 딸 셋 받은 막내가 그 아래로 손자만 셋을 두 었습니다.

지극정성으로 막내 교육하신 아버지 덕분에 늦은 나이 되도록 어 느 아들 못지않은 가정 일, 사회 일 해내는 저를 지켜보셨겠지요.

아버지 모습 이어받아 아이들을 가르쳐서
50대에 이른 딸들을 저보다 더 크게 키웠습니다.
그 딸들 또한 할아버지 주신 가훈을 세습하여
착실히 내일을 닦는 세 명의 아들을 두고 있습니다.

아버지, 나의 아버지
우리들의 모습, 우리들의 현재를
단 하루만이라도, 아니 단 한 시간이라도 보여드리고 싶습니다.
아버지 손잡고 거리거리 다니며
목청 높여 나의 아버지를 자랑하고 싶습니다.

와세다대 중퇴생 사출이를 친구 삼던 아버지 앞에서
우리 가족 열띤 토론장 열어 아버지 외롭지 않게 해드리고 싶고,
태극기 대한지도 세계지도 벽에 걸고
아버지의 나라사랑 세계사랑 열변을 경청하고 싶습니다.

세월은 유수와 같다던 아버지 말씀의 의미가
가슴에 와닿는 지금의 나이가 되어서야,
탁월한 DNA 남겨 주시고 훌륭한 교육방식 가르쳐 주심에

더없이 감사하며 안타까이 아버지를 추모합니다.

아버지, 나의 아버지
사랑합니다. 고맙습니다.

11

나의 어머니

　단아하신 개성 태생 나의 어머니는 그 시대의 전형적인 '안 사람'이셨습니다. 가계경제, 자녀교육, 대인관계 대부분을 남편에게 의존한 채, 집안 살림, 손님 접대, 집 지키기만 하시던 어머니는 7살 위 남편에게서 세상 물정 모르도록 길들어져 있으셨습니다. 위로 낳은 아들 넷을 잃어버리고 그 뒤에 딸만 넷 둔 나의 어머니는 그 시대의 전형적인 '죄인'이셨습니다. 시어머님의 굿거리 탓에 아들 4명이나 잃었기에, 아들을 못 낳은 아내가 아니라고 당당하신 어머니는, 실은 남편에게 남녀평등사상 주입한 장본인이셨습니다.

　살림과 음식 솜씨가 탁월한 어머니는 밥상 차리기, 손님상 차리기, 술상 차리기의 '대장'이셨습니다. 개성 식단 기본에 서울식 가미한 맛깔나는 음식 솜씨로 식구들, 객식구들 입맛을 사로잡아 상차리기로 분주다사하셨습니다. 그 일생은 순전히 본인의 명인 음식 솜씨 탓이라고 하셨습니다. 살금 슬쩍 소리죽여 딸 교육을 시킨 나의 어머니는 봉건과 근대, 현대의 교육까지 융합시킨 '융복합교육자'셨습니다. 여성스럽고 깔끔한 옷차림과 다소곳한 예의범절을 가르치면서도, 남녀구별은 있어도 남녀차별은 당하지 말라고 가르치시며 저의 어머니는 네 딸을 남성 앞에 기죽지 않은 여성이 되게 하셨습니다. 공부에만 전념하도록 교육환경을 조성해주신 어머니는 부엌일, 빨래일, 청소일, 허드렛일을 모르는 딸들로 키우셨습니다. 덕분에 손수건 한 장 안 빨아 보고 개성 음식도 익히지 못한 채 혼인하여 가정 살림에 낙제점 가까이 받게 한 어머니는, 가정 살림은 누구에게든 대리로 시킬 수 있다고 격려해 주셨습니다.

아흔 나이 되도록 집안 살림의 주관자셨던 나의 어머니는 딸 넷 집안에 두루 오셔서도 여전히 주방 대장 시어머니 노릇을 하셨습니다. 딸들이 모두 잘 자라서 나름대로 성공한 공로는 본인에게 있다고, 열 아들 부럽지 않다고 큰소리치시던 어머니는 유독 딸 넷 중 딸만 셋 둔 막내딸에게는 본인이 '죄인'이라고 하셨습니다. 네 딸 밑에 아들 여섯, 딸 다섯 손자녀가 태어나고, 다시 열두 명의 아들, 세 명 딸 증손주를 둔 '당당한 할머니'가 되셨습니다. 딸만 셋을 둔 막내딸에게서도 세 명의 증손자를 보셨으니 남모르게 아들 없음에 가슴 맺힌 응어리 푸시고, 활짝 웃으시며 더욱 보무도 당당히 하늘 나라를 걷고 계십니다.

엄마! 보고 싶어요!
사랑해요. 고맙습니다.

개양귀비 꽃밭

개양귀비 공원에 꽃바람이 살랑인다
간드러진 교태가 덤이 되어 어지럽다

바람이 개양귀비를 이리저리 애무한다
나약한 줄기에 안쓰러움마저 묻어난다

형형색색 야한 꽃잎이 바람타고 춤을 춘다
진한 채색감이 내 옷자락까지 번져온다
모네의 양귀비 들판 여인이 언덕 위에 서 있다
개양귀비 꽃 되어 아름다움으로 피어난다

부천 호수공원 개양귀비

개양귀비 벌판에 꽃바람이 일고 있다
꽃씨 날아 하늘에도 개양귀비 꽃이 핀다

개양귀비

명성산과 산정호수

명성산의 억새밭

억새풀 비벼대는 바람

산 굽이 돌아 울림 되고

궁예의 곡성은

산새들의 노래 되어

인산인해 정상에서 호수까지 흐른다

핏빛 단풍 사이 사이로

출몰하는 옛 형상들

골짝마다 그득히

깊은 사연 품에 안은 채

억새꽃 이불자락에 형체들을 숨긴다

꺾이고 눕혀진 억새밭

눈밭으로 포장되는 날에도

승자와 패자의 엇갈린 발자국들이

환호와 원한의 함성 합창하며

지금도 웃고 울면서 명성산 깊숙이 더불어 살아있다

14

어부사시사 출생지, 보길도

COVID-19 사태가 엎치락뒤치락하며 끝날 줄을 모릅니다. K-방역이라 뽐내더니 G20개국 중 백신 성적표가 하위권이라는데, 이 여름 극성부리는 무더위를 피할 바다도 없습니다. 문득 그 옛날 고생 끝에 찾았던 바다가 생각나서 사진첩을 뒤적여 봅니다. 아주 오래전에 고산 윤선도의 어부사시사 출생지, 보길도를 묻고 물어 찾아갔습니다. 머나먼 뱃길에 심한 뱃멀미를 하며 다다른 지국총 지국총 어사와 보길도. 여관은 물론 민박할 곳도 없어 이장님 댁에 짐을 풀었습니다. 자연풍광을 즐기더니 이 고생을 사서 한다고 거듭 한숨 쉬어대고, 힘 빠진 몸을 추스르며 밤을 지새우다가 어느덧 새벽녘 산새들 노래가 저를 벌떡 일으켰습니다. 우거진 숲길을 헤치고 아침 맞으려 바닷가로 향하는데, 일출의 빛에 앞서 파도 소리가 귀를 스쳐 마음에 박힙니다. 파도 소리와 함께 오는 묘한 음악 소리가 발길을 홀렸습니다.

검은 조약돌 그득한 해변에 섰다
파도를 삼킨 까만 돌들이 서로 부딪치며 짜디짠 바닷물을 내뱉는다
짜르륵 짜그륵 짜르륵 짜그륵 짤짜글짜글

파도가 밀려왔다 다시 빠져나가는 틈새 사이로
자갈들, 검정색 동그란 꼬맹이 돌들이 서로 몸을 비벼대며
파도의 높낮이에 따라 기묘한 음으로 화음을 맞추고 있다

쏴아~ 쓰르륵~, 짜르륵 짜그륵 짤짜글짜글~,

수평선 넘어 떠오르는 일출을 배경 무대 삼아, 높고 낮은 파도와 해변에 깔린 수많은 돌들의 음색과 화음을 블렌딩한 보길도의 합창단. 고교 시절 교내외 시험 대비하며 외우고 되뇌던 '…지국총 지국총 어사와…' 과연 고산 윤선도의 어부사시사 연작이 나올 만한 보길도입니다. 어쩌다 세상만사로부터 피난하여 홀로 쉼터로 향하고 싶을 때면, 문장으로 정확히 표현하기 어려운 그 바다의 파도와 돌들이 들려주는 보길도 해변의 합창 소리가 아련히 들려오곤 했습니다.

하늘과 땅이 제각각인가 여기가 어디인가
배 매어라 배 매어라
바람 먼지가 못 미치니 부채질하여 무엇하리
찌그덕 찌그덕 어영차
두어라! 들은 말이 없었으니 귀 씻어 무엇하리

전염병이 못 미치니 마스크 쓸 필요 없고, 듣기도 거북한 이말 저말 안 들려서 귀 씻을 일 없는 곳. 옛날 옛적의 그 보길도가 새삼 그리워집니다.

내 사랑 동백꽃

진한 빨간 꽃들이 달린 대형 동백 화분이 배달된 날, 아래위 좌우 앞뒤로 동백꽃 보느라 밤을 밝혔습니다.

꽃 보기를 황금 보기처럼 탐하는 제게 가장 좋아하는 꽃을 물으면 쉬이 답을 내지 못하겠습니다. 날마다 때마다 내 마음 가는 대로 가슴에 꽂히는 꽃, 그 꽃이 가장 좋아하고 사랑하는 나의 꽃이 되기 때문입니다. 시시각각 변덕스러운 꽃 간택 기준은 스스로 생각하기에도 심리분석 해볼 만하고 정신분석까지도 해야 할 정도입니다. 풀숲 눈곱만 한 이름 모를 들꽃에 발길 한없이 멈추기도 하고, 외국 어느 대저택에 핀 꽃 넋 놓고 보다가 총 맞을 뻔도 했습니다.

동종의 꽃이라도 장소 시간 배경 따라 사랑심이 달라지고
때로는 크기 색깔 모양새에 따라 꽂히는 감응이 같지가 않다

날씨 따라 마음 따라 나이 따라 이끌리는 꽃 달라지니
차라리 모든 꽃이 가장 사랑하는 나의 꽃이라고 정답을 적는다

동백꽃

　천장 높이만큼 키가 자란 그 동백꽃 화분을 아파트 1층 정원에 심고 이사 온 지는 꽤 오래되었습니다. 동백나무의 높이가 어느덧 아파트 2층에 이릅니다. 사시사철 푸르른 그 동백나무를 찾아가 유심히 지켜봅니다. 해마다 이즈음에는 새빨간 동백꽃이 계속 저를 부르는 듯합니다. 진홍색 두꺼운 꽃잎, 샛노란 꽃술에 견고히 받쳐 주는 잎새가 끌립니다. 피어 있는 날들이 길어서 좋고 떨어진 꽃도 이틀간은 생기가 있습니다. 때문에 동백꽃은 장기간 저의 가장 애호하는 꽃이 됩니다. 이런저런 이유를 달며 상당 기간 동안은 꽃 중에 동백꽃을 제일 좋아한다고 답함에는 선물해 준 이를 잊지 못하는 또 하나의 마음이 숨겨져 있습니다.

16

복층집 까치 가족

이웃 아파트 7층 높이의 은행나무 꼭대기에 까치 가족의 스위트 홈이 얹혀 있습니다. 보기 드문 2층 까치집에 거주하는 까치 가족의 생활이 유난히 궁금합니다. 아침마다 산책길에 살펴보는 까치집, 여름에는 알콩달콩 초록빛 커튼 드리우고 가을엔 황금빛 성벽 두르는 위풍당당 까치집. 하늘에 높이 올라 복층 까치 가족의 집을 방문하고픕니다.

늦가을 큰 비바람으로 벌거벗은 은행나무 위에 삐쭉 빼쭉 얼기설기 대저택이 드러납니다. 몇 식구 대가족 이어서 2층까지 지었는지 아래층 출입구는 어디에 있는지도 염탐하고 싶습니다. 사람도 자동차도 어기적거리는 폭설 내리는 날의 까치집은 하이얀 궁전이 되어 타지마할로 거듭납니다. 에스키모 얼음집으로 리모델링하려는지 2층 옥상에 마주 앉은 까치 부부 논쟁 소리가 종일 시끄럽습니다.

목련꽃 봉우리가 터지려는 봄 어느 날, 까치 부부와 비둘기 부부의 전쟁이 벌어졌습니다. 꾹 꾸루룩 거리며 드높은 까치집 근처를 맴도는 비둘기 한쌍. 그리고 까까깍 짖어대며 적극 방어 공격 태세의 까치 부부를 목격했습니다. 그 치열한 싸움! 상당 시간 계속되던 양자대결 상황이 밤잠까지 설치게 하며 전쟁 발발 동기를 헤아

2층 둥지를 튼 까치 가족

리게 합니다. 알 훔쳐 먹으려 침공한 비둘기 대 이를 쫓아내는 까치 가족? 이 결론이 맞는지 틀리는지 아직도 확신 없이 머릿속을 맴돌 뿐입니다.

오늘도 이른 아침 복층 구조 까치집 탐방길에 나섰습니다. 까치 부부가 가녀린 나뭇가지를 타고 앉아 있습니다. 저는 하늘을 올려다보고 까치 부부는 아래를 내려다보며, 저는 까치를 관찰대상으로, 까치는 저를 감찰대상으로 서로를 살피는 모양새입니다.

17

고드름으로 만드는 김밥말이 발

기습적으로 폭설을 맞은 엊저녁 퇴근길에는 사람도 차량도 어지러웠습니다. 전염병으로 인한 재택근무가 이런 날엔 불행 중 다행으로 다가옵니다. 나뭇가지마다 소담스러운 눈 쌀가루 쌓이고 눈 폭탄 맞은 풍광은 흰색으로 포장되어 모처럼 깔끔해 보입니다. 경비원 아저씨들이 수고하는 보람 없이 아파트 골목 덮은 눈은 쌓여가고 자동차마다 듬뿍 덮인 눈 더미 위로는 차주들 한숨이 서리서리 서렸습니다. 아침 창을 열면서 꽁꽁 얼어붙은 눈(雪) 길에 눈길이 가고 커다란 눈덩이집으로 변모된 내 사랑 까치둥지에 화들짝 놀랐습니다.

고드름

가녀린 고드름

까치 부부가 감기 걸렸겠다
공연한 염려까지 앞서는데
아파트 얇은 처마에 조랑조랑 달린
수정같이 맑고 가녀린 고드름이 눈을 번쩍 띄운다

고드름! 얼마만인가 고드름을 본 지가! 제법 긴 것은 40센티미터
이상도 되는 것 같습니다. 어렸을 적 부르던 동요 '고드름'을 흥얼
거리다가 문득 저 수정처럼 영롱한 고드름 따다가 얇은 발을 엮어
서 김밥을 말고 싶다는 상상을 해봅니다. 각시방 영창에 달고 싶은
동심은 어디가고 엉뚱하게 김밥말이 발을 만들고 싶다는 저의 노심
이 한심합니다.

18

천리포 수목원의 목련 불칸

수목원 입구에서 아득히 바라본 너는
나목에 꽂힌 미농지 꽃이었다
어릴 적 졸업식을 위해 만들던 인조꽃이었다

미심쩍은 마음으로 달려가 너를 마주할 때
너는 용암 덩어리 뭉친 꽃 되어 내 가슴을 뚫었다
불카누스의 이름 빌린 불칸다운 생화였다.

안개 자욱이 덮인 재회의 그날
너는 형언할 수 없는 마력으로 나를 유혹하였다
묘한 붉은 색 하늘거리는 자태로 내 품 안의 꽃이 되었다

너저분한 호수 속에 발 하나를 숨기고
너는 천지를 덮는 불꽃으로 피어나 나를 쫓는 마녀가 된다
사랑 잡이 수호신이 보낸 작품 되어 내게서 거듭난다

해마다 봄의 신호탄이 울릴 즈음이면

너는 만나지 않고는 견딜 수 없는 그리움을 만든다

베스비오 화산 화력으로 너와 입맞춤하게 한다

꽃잎 낱장을 뿌리는 날이 오면

너는 하늘만큼 추억을 수놓은 내 마음속 꽃으로 핀다

산란스러운 머릿속 전신의 고통 주고 떠난

이름값 하는 목련, 불칸이 된다

천리포 수목원의 목련 불칸

19

봄 여름 가을 겨울

눈 폭탄 맞아 기절한 설매 깨우고
강변에 끼인 얼음판에 틈새를 만들며
먼 산꼭대기로부터 눈(雪) 물이 흐른다

햇빛이
포근한 얼굴로 땅을 품고
바람에게 따스한 입김 뿜어 살랑이게 하면
벌거벗은 나무들 주위로 연둣빛이 어린다

게으른 얼음 부서지는 아픈 소리에
바람이 실어 오는 봄 내음에
겨울옷 벗는 소음 번지며 봄이 착지한다

햇빛이
붉은 얼굴로 대지를 달구고
샘물마저 찬 맛을 잃게 하면
낙화로 얼룩진 화면이 초록빛 바탕색으로 거듭난다

봄꽃 향내로 혼미하던 가슴 삭이며
연중 대행사 여름휴가 계획 서두르는 사이
태풍 불고 홍수 사태로 눈물도 흘리게 한다

축 늘어진 잎새, 우리 안의 동물들 가쁜 숨소리
너와 나의 육신에 금 은 동 구슬이 방울방울 맺힐 때
바다가 거칠게 다가와 나체들을 포옹한다

햇빛이
하늘을 높이고 알곡을 영글게 하면
노란빛 붉은빛 걸친 나무를 배경으로
땀 흘려 열매 맺은 성취감이 그네를 탄다

으스스한 바람결에 날리는 낙엽이
때로는 아름답고 조금은 쓸쓸함으로
오락가락 하면서 감성을 키운다

햇곡식 햇과일이 새 맛으로 다가와
시식하느라 먹어보고 맛있다고 먹으며
먹방으로 내 키가 훌쩍 자란다

햇빛이
아쉽고 귀하게 느껴지는 날 오고
시청 앞 광장에 성탄절 별이 뜨면

망년회 구실 삼아 거리 거리를 헤맨다

사연도 없으면서 첫눈 내리는 날 기다리고
까치 설날 우리 설날 2종 과세 지내면서
어느 사이 새해 두 달이 눈 녹듯 사라진다

희비 교차하는 졸업식 입학식에
고비고비 인생 고개 희로애락 뒤엉킨 채
한 세월을 만들며 사계(四季)가 매듭진다

만추(晩秋)

알록달록 만추의 단풍

빨강 노랑 불꽃 틈새로

가을을 밟는다

속내 열아홉 가을처녀가

타는 가슴 열고

휘익 휘이

가을을 춤춘다

철 잃은 나방 되어

가을을 불사른다

21

2021년생 매미의 일생 관찰기

2021년 8월 1일 아침 5시 10분. 기록적인 무더위로 내내 켜놓은 에어컨 공기에 숨 막혀서 일찌감치 집안 창문들을 열어젖힙니다. 반열림형 아파트 창문은 열어보았자 열린 것 같지도 않습니다. 잠시 후 거실 외벽 쪽에서 매미 우는 소리가 들려옵니다. 그놈도 저처럼 잠이 없는 모양입니다. 아니면 불빛에 날 밝은 줄 알고 벌써 울어대는 울음일 수도 있습니다. 이리도 가까이 들리니 목청도 큰 놈인가 봅니

8층 아파트 창틀의 매미

다. 계속 커다랗게 다가오는 매미 소리에, 열어둔 거실 창 쪽으로 가서 귀 기울여보니 저 아래 숲에서 나는 매미 소리 같지는 않았습니다. 문득 열린 창 바깥 위쪽 큰 매미 한 마리가 눈에 확 띕니다. 심장이 쿵쾅거리며 매미가 날아갈까 숨죽이며 살피다가 습관적으로 핸드폰을 들고 와 사진을 찍어보니 매미 모습이 흐릿합니다. 살그머니 방충망을 올려도 꼼짝 않고 아주 조금씩 올라가며 계속 울고 있는 매미. 대담하게 울고 있는 매미를 연속으로 찍고 보니 매미 사진이 대박 났습니다. 매미 사진을 보느라 흥분한 사이에 매미 소리가 들리지 않고 그 매미는 더 이상 창틀에서 보이지 않습니다.

어디로 날아갔는가, 행여 추락했는가.
이 더위에 COVID-19 감염을 피해
8층 창틀까지 올라온 매미인가.

매미 유충 껍질

올해는 유별나게 매미 관련 기이한 현장들을 목격했습니다. 아침마다 산책길을 제공해 주는 이웃 아파트 도로변 나무 둥치의 맨 아래부터 다닥다닥 세어 보기도 힘들 만큼 많은 매미가, 허물을 벗고 남긴 누런 껍데기들이 징글맞게도 매달려 있습니다. 정도의 차이가 있긴 해도 근처 나무들에서도 그런 흔적을 흔하게 찾을 수 있었습니다. 또 7월 하순 들면서 산책길 보도(步道)에는 하늘 보고 발랑 뒤집힌 채, 굳어져 있는 매미 사체들이 널브러져 있습니다. 밟을까, 밟힐까 걱정되어 이리저리 피하며 산책길을 다녀봅니다. 까마귀, 까치, 비둘기에 찍혔는지 너무 많이 죽어 있습니다.

엊그제 동네 슈퍼마켓에서 장을 보고 걸어 올라오는 길이었습니다, 오가는 일차선 대로 양측에는 하늘 높이의 가로수들이 우거진 길이 있습니다. 여기저기서 매미 소리가 요란한데 갑자기 아주 가까이 들려서 발길을 멈추고 바로 옆 가로수 나무를 살폈습니다. 큰 나무둥치 제 어깨에도 못 미치는 낮은 곳에 아래위로 조금씩 거리두기를 한 매미 세 마리가 붙어 있었습니다. 이렇게 가까이서 울고 있는 매미를 세 마리나 보다니, 한참을 곁에 멈춰 서 있어도 계속 울음을 멈추지 않습니다. 사람과 친한 환경에 익숙해진 매미가 오

172

가는 사람들을 의식하지 않나 봅니다. 팔을 반만 뻗으면 잡힐 만한 이리도 가까운 나무에서 아래위로 쪼끔씩 움직이는 모습까지 보이며 매미는 울음을 들려줍니다. 금년 들어 눈에 띄는 기이한 매미 관련 경험에 오늘 아침 창틀에서 울어대던 매미 사건이 더해져서, 급기야 매미에 관한 정보 탐구욕이 발동된 결과로, 매미의 일생을 저 나름대로 정리해보았습니다.

암컷이 나무껍질 속에 알을 낳으면 그 알이 부화하여 땅속으로 내려갑니다. 매미 종류에 따라 보통은 3~7년, 길게는 17년간을 유충으로 살다가 지상에 올라와서 3~4시간에 걸쳐 껍질 벗고 매미로 태어난다고 합니다. 유충이 껍질 벗고 매미로 태어나는 시간이 서너 시간이나 걸리는 탓에, 유충에서 무사히 매미로 탈바꿈하기 위해 눈에 잘 띄지 않는 곳에서 매미로 변신하는 작업을 한답니다. 이리도 장구한 기간을 거쳐서야 매미가 된 매미는 여름 약 1달 동안을 번식에만 신경 쓰다 죽는 것이 그네들의 일생이라고 합니다. 매미에 관한 이런저런 정보를 얻으면 얻을수록 2021년 주변의 매미 일생이 유별나다는 생각이 듭니다.

아파트 단지 보도(步道) 바로 옆 나무 둥치에, 도로변 가로수에,
그것도 훤히 눈에 보이고 손닿을 수 있는 곳에,
허물 벗은 껍데기들을 곳곳에 주렁주렁 남길 정도로
대담한 작업이 이루어진 까닭은 어디에 있는가.

사람도 새도 무수한 곳에
그 긴 세월의 지하 유충 생활을 벗어나

지상의 매미로 탈바꿈하는 과정을
떼를 지어 고스란히 보여줄 수 있는
공개된 장소를 택한 사연은 무엇인가.

 땅속 유충에서 나와 하늘을 보게 된지 한 달도 채 안 되었을 매미가 8월도 오기 전부터 사체가 되어 수두룩하게 길바닥에 깔려있음은 이른 더위에 더위를 먹어서인가, 혹은 2021년에는 기하급수적으로 개체수가 늘어났던 때문인가 궁금해집니다. 유난히 나무 둥치 아래쪽에 껍데기를 남기더니, 아름드리나무의 저의 키보다 낮은 곳에 줄줄이 달려서 '나 여기 있노라'하며 울어대는 배짱은 어디에서 나왔을까요. 매미 유충도, 매미도, 더위 탓으로 아니면 COVID-19에 걸려 기력이 딸린 탓에 나무 높이 오를 수 없어서일까요. 아니면 나무 둥치 아래쪽이 높은 곳보다 안전해서 매미가 사람 키보다 낮은 곳, 사람이 매미를 볼 수 있는 곳에서 사람을 보호자 삼아 당당히 붙어서 울고 있는 것일까요. 8월 초하루 이른 아침에 우리 집 열린 창 바깥에 붙어서 울던 그 매미는 어쩌다 8층 높이 창에까지 올라왔던 것인지, 행여 다시 찾아올까 하여 아침마다 창문을 열어놓는데도 아무 소식이 없습니다.
 아무래도 2021년생 매미의 일생이 심상치 않습니다.

초능력자의 풍경화

가을 단풍

허공에 뜬 창으로 가을을 본다

누릇누릇 또는 불그스레한 채색 밑바탕 삼아
오늘은 한결 노랑 빨강 색감이 짙어지고
내일은 누렇고 거무튀튀한 갈색으로 조화롭게 덧칠될
새록새록 거듭나는 풍경화가 전시된다

세상 이곳저곳을 선택적으로 비행하며
나날이 변화무쌍한 채색으로 가을을 그리고
화려한 시각 배경에도 인심에는 쓸쓸함을 심어주는
이 거대한 화폭에 가을이 창작된다

형형색색의 그득한 가을 색감 안고
낙엽 날리는 대지에서 가을을 밟을 때
벌거벗은 나뭇가지들이 주는 적막감으로 가을이 완성되고
또 하나의 전시회를 기획하는 초능력자의 작품을 상상한다

허공에 뜬 창으로 겨울이 서려있다

가을의 비행(飛行)

청와대 앞길의 단풍

가을이 바람 타고 하늘로 비상(飛上)한다

노랑 빨강 주황 황토색으로 하늘을 뒤덮는다

국군의 날 비행 팀처럼 묘기도 보여 준다

끝내는 어지러운 얼굴 되어

바람 안고 착륙한다

그 가을을 밟으며

북풍에 실린 겨울이 오고 있다

24

눈 내리는 날의 추억

폭설 흩날리는 날이면 사직공원으로 향합니다. 우람찬 나무들은 간데없고 추억도 날아간 그곳에 여전히 그와 만든 눈사람이 서 있습니다.

옷깃 속으로 눈덩이를 집어넣던 그가 보인다
꽁꽁 언 손 녹여주던 넉넉한 가슴이 다가온다

아기 손바닥만 한 눈송이가 살풋이 내리는 날이면
강아지 베스가 신나게 내 품으로 달려든다

작달만한 키에 큰 눈을 가진 족보 없는 베스
가족들 사랑받던 진돗개, 치와와를 제치고 내 사랑을 독차지한 베스

눈 쌓인 동산을 일등으로 뛰어 오르는 베스가 보인다
12년 생을 마감하고 십자가 아래 잠든 베스가 뛰논다

눈 내리는 날이면
눈(雪) 물과 눈물, 두 갈래 물이 마음을 적신다

지붕 위 눈 녹아 눈 물 되어 내리고
두 눈에서 내리는 눈물이 흐른다

눈 물 맞으며 내 눈물을 훔친다
까만 하늘에서 내리는 흰 눈이 두 갈래 시린 물을 만든다

눈 내리는 날

동경 뉴 오타니 호텔 교회에서 만난 여인

그녀로부터 소식 없는지 3년이 넘었습니다. 대학교 교수 명단에서도 찾을 수 없고 메일도, 전화로도 연결이 되지 않습니다. 가끔씩 그녀 생각에 가슴이 철렁 내려앉곤 합니다. 울면서 고백하던 그녀의 모습이 지워지지 않습니다. 두 번째 만난 저에게 그녀가 들려준 고백이 아직도 저를 괴롭히고 있습니다.

출장길에 머물게 된 동경 뉴 오타니 호텔 정원 숲속에 교회가 있었습니다. 그 호텔 창업주의 외할머니가 신실한 기독교 신도였는데, 손자에게 호텔 내 교회를 두고 목사님을 모시라는 유언을 하셨다고도 합니다. 이 이야기에 감명을 받아 주일 예배에 참석하려고 호텔이 갖고 있는 크고 아름다운 정원에서 자그마한 건축물을 찾았습니다. 그 안에서는 미국 목사님과 주로 외국인 교인 열댓 명 정도가 모여 예배를 보고 있었습니다. 교회의 역사에 얽힌 감동과 함께 아담한 예배가 은혜를 더해 주고, 명성 있을 법한 어느 여성의 특별찬양이 비가 내리는 숲속으로 번져나갔습니다. 예배 후 모두 함께 다과를 나누며 서로의 명함을 교환했습니다.

해가 바뀐 어느 날 서울 리츠칼튼호텔로부터 걸려온 전화를 받고 보니 놀랍게도 특송을 하던 바로 그녀, 일본인이지만 미국 국적을 가진 미국 가톨릭 계통의 대학교수였습니다. 반가운 마음으로 그러나 업무 때문에 자리를 비울 수 없어서 사무실로 모시고 30분가량의 대화를 나누던 중에 갑자기 그녀가 울먹이며 고맙다고 저에게 인사를 했습니다. 이렇게 친절하게 대해 주리라고는 예상치 못했다고, 사실은 유방암 선고를 받고 수술을 하였노라고 전했습니다. 저는 그 순간 아찔한 머리를 식히려고 천장을 바라보았습니다. 우연히 겨우 두 번째 만난 저에게 구태여 그녀가 이런 고백을 하는가. 내 자식이 과거에 임파선 암으로 시련을 겪었음을 눈치 채는 이도 거의 없는데, '암' 발음만 들어도 머리가 쭈뼛해지는 내게 이 고백을 듣게 하는가.

침착성을 되찾은 저는 그녀의 눈물을 닦아주며 주변의 누구에게도 말을 꺼낸 적 없고 내색도 한 적 없는 자식의 병 치료 이야기를 그녀에게 건네주었습니다. 더군다나 유방암이나 자궁암 같은 생식기 암은 사망률이 거의 없다고, 다독거리며 함께 기도하자고 위로를 했습니다. 서울을 거쳐 가는 그녀도 시간이 많지 않아서 이렇게 우리는 헤어졌습니다.

그해 그녀로부터 성탄 카드와 함께 선물이 왔고, 그 후 2년 동안 우리는 서로 소식을 전하며 지냈습니다. 그러나 3년째 되던 해부터 오늘까지도 그녀에게서 소식이 오지 않습니다. 그녀가 준 알록달록한 엽서 속에는 10여 년 전에 하꼬다떼 관광 대사로 임명받는 장면, 그리고 영국 옥스포드 st.Giles Orchestra 앞에서 노래하는 그녀가 있었습니다.

우연히 한 번 만난 나를 찾아와

어쩌자고 그런 눈물어린 고백을 한 여인 때문에

내가 이리도 마음 아파하고 있다고 그녀에게 꼭 전하고 싶다

26

중국인 친구, 왕춘매 교수에게 마지막 작별인사를…

COVID-19 사태가 가슴에 여러 종류의 대못을 박아 놓습니다. 지난해 6월 하늘나라로 큰 언니를 보낸 이후 내내 가슴앓이가 가시질 않는데, 오늘 중국 북경에서 북경대 왕춘매 교수가 '갔노라' 하고 기별이 왔습니다. 당장 북경으로 갈 수도 없는 형편이지만 와보았자 소용없다고, 시신을 북경대 의학부(医学部)에 맡기고 추모식도 하지 말라는 유언을 남겨 두어서, 그저 소식만 전하노라…고 하는 통화내용에 전화를 붙잡은 채 저도, 그쪽도 한참을 울었습니다.

한·중 수교가 이루어지면서 우연과 필요성에서 중국을 가고 중국인을 만나 교류하게 되었던 초기에는, 마음속 깊은 곳에 중국과 중국인에 대한 울분과 불신이 있었음을 이제는 고백하고 싶습니다. 초등학교 시절부터 '상기하자 6.25' 웅변대회 단골 연사였고 '무찌르자 오랑캐 몇 백만이냐' 노래를 입에 달고 부르던 시대를 살면서, 중국과는 만리장성만큼의 벽을 쌓아온 세월이 너무 길었던 탓에 쉽사리 저의 뇌와 가슴을 세탁하기는 불가하였습니다.

공산주의를 가감 없이 비판해 달라는 중국 중앙당교의 초청을 받아서 저를 안내한 중국인 교수가 새파랗게 질렸을 정도로, 그 당시의 저는 겁도 없이 한 시간 동안 솔직한 마음을 쏟아놓았습니다.

그런데도 그 후 25여 년을 중국 여러 대학 또는 기관들로부터 초빙되어 다니며, 각계각층의 중국인을 만났고 특히 교수들과는 서로 깊은 교류를 계속해왔습니다. 만남의 시간이 계속되는 동안 제 마음의 장벽이 어느 사이 허물어졌습니다. 적어도 제가 교류하는 중국인들은 사귀면 사귈수록 '진국'이어서 중국과 중국인에 대한 과거의 감정은 눈 녹듯 녹아내렸습니다.

지난 세월은 '과거'이고, 오늘날은 '현재'이며,
내일 이후는 '미래'이다
과거를 가지고 현재를 묶어 놓는다면
새로운 내일, 미래의 세계를 향해 전진하지 못한다

우리는 서로 이런 말들을 나누지 않았지만, 마음으로 말하며 눈빛으로 진실한 정을 나누어 왔습니다. 서로의 처지를 이해하고 존중해 주며 서로를 감싸고 칭찬하며, 진정한 내면적 교감을 통해 유난히 저를 따르던 그 중국인 후배가 당뇨병을 앓다가 호전되었다고, 보고 싶다고 하던 그가, 저보다 먼저 홀연히 저세상으로 가 버렸다는 소식이 전해졌습니다. 인정 많고 웃음 많고 명랑하고 흥 많고, 못 해내는 일이 없이 용맹스럽던 그가, 잠시 은둔하며 지내며 오히려 저의 건강을 염려하던 그가, 왜 그다지 급했는지 서로 작별인사도 나누지 못한 채 떠나가 버렸습니다.

함께한 날들의 사진을 다시금 바라봅니다. 꽃다발을 안고 공항에 마중 나와 제 손가방까지도 챙겨 들은 그가, 반가운 웃음을 띠고 저의 옆에 서 있습니다. '민간인 대사'라고 추켜세우며 특별히 어느 나라 공주가 묵었다는 북경 대학 게스트하우스에 숙소를 잡고, 그 대학 명물 미명호(未名湖)를 바라보며 머리 좀 식히라고 껄껄 웃고 있는 모습도 있습니다. 술 못하는 저를 위해 저의 술잔을 받아들고 대신 술을 마셔주고 있습니다. 유난히 단풍이 곱던 해에 서울에 왔던 그가 창경궁의 가을을 감탄하며 단풍 색깔보다 예쁜 웃음을 피우고 있습니다. 그의 웃음 따라 저도 웃어보지만 일그러진 미소에 눈시울이 뜨거워질 뿐입니다.

비바람 사이로 가을이 흘러내립니다. 어서 속히 북경으로 갈 수 있는 날이 오면 북경대 의학부 앞에서 그녀의 영(靈)을 불러내어, 손을 맞잡고 미명호 주위를 돌며 진정으로 고마웠다는 작별인사, 잘 가라는 환송인사를 나누어야겠습니다. 한동안은 그를 생각하는 가슴앓이가 가라앉지 않을 것 같습니다.

북경대학 내 미명호와 무명탑

이어령 선생님께 드리는 추모사

2022년 2월 26일 오후, '이어령 초대 문화부 장관 별세' 소식을
접하였습니다. 대학과 대학원 시절에 선생님의 강의와 강연을 훔쳐
들었고 이후 간혹 선생님의 저서를 읽으며, 선생님의 사고력과 표현
력을 존경하고 감히 부러워하던 제가, 할머니가 된 지금 선생님의
소천 소식을 듣고 눈물 속에 애도하며 추모사를 적어가고 있습니다.

지난 2019년 10월에, 어느 분이 선생님과의 마지막 인터뷰라고
생각하며 인터뷰한 "죽음을 기다리며 나는 탄생의 신비를 배웠네"
라는 제목으로 올라온 글을 읽을 때, 병상에 계신 선생님의 말씀에
오랜만에 웃고 울면서 저는 이미 오늘을 예상했습니다. 그러나 막
상 그 오늘을 대하고 보니, 영원히 계실 것만 같았던 선생님의 부
고에 애통합니다.

언론인, 교수, 문학인, 또는 관직 등의 자리에서 우리들 각자의 가
슴에 번득이는 지성과 아늑한 감성을 전해주신 선생님! 제가 어느
사이에 흐려진 시력 탓인지, 선생님의 그 빈자리를 채워줄 이 시대
의 선생님 후계자가 될 만한 지성인, 감성인을 찾아보기 어려워 더
욱 서글퍼집니다. 저도 그 누군가가 지적한 대로 공·사 간에 쓸모
없어 사라져 가야만 하는 여든 고개를 바라보는 나이 때문인지, 특

히 근래에 남기신 말씀들을 곱씹으며 선생님을 추모합니다.

오늘을 앞둔 선생님께서는, 살아 있는 자는 죽은 자가 아니기 때문에 '죽음이 무엇인지를 전해 줄 수 없는 것'이라서 살아 있는 당신의 탄생을 역추적하시며 죽음을 탄생한 곳으로 돌아가는 것이라고 풀어내셨습니다. "죽을 때 뭐라고 해요? 돌아가신다고 하죠. 그 말이 기가 막혀요. 나온 곳으로 돌아간다면 결국 죽음의 장소는 탄생의 그곳이라는 거죠"라고 지적하시며 우리말로 '죽다'의 높임말을 '돌아가시다'라고 표현하는 단어와 연결시키셨습니다. 원래의 곳으로 '다시 가다'라는 '돌아가다'의 어원에 착안하시어 다시 있던 곳, 하나님이 내보낸 그곳으로 돌아가는 것이 죽음이라고 하셨습니다. 어느 목사님의 설교보다도 그 난해한 믿음의 길을 이렇게 쉽게 풀어주신 언어의 창조적 활용능력에 저는 격한 감동, 아니 큰 은혜를 받았습니다.

또한 선생님이 주창하신 '평등'의 정의는 그 어느 학설보다 상당성, 합리성, 타당성을 인정하기에 충분하다는 공감을 주었습니다. "신은 생명을 평등하게 만들었어요. 능력과 환경이 같아서 평등한 게 아니야. 다 다르고 유일하다는 게 평등이지요. 햇빛만 받아 울창한 나무든 그늘 속에서 야윈 나무든 다 제 몫의 임무가 있는 유일한 생명이에요. 그 유니크함이 놀라운 평등이지요. 또 하나. 살아 있는 것은 공평하게 다 죽잖아." 하셨습니다. 선생님이 내리신 평등의 정의야말로 저마다 평등의 의미를 무차별적 평등으로 해석하려는 지금의 일부 세태에 멍 때리는 경종을 울리는 말씀이었기에 더욱 공감이 갔습니다.

"모든 게 선물이었다는 거죠. 마이 라이프는 기프트였어요. 내 집

187

도 내 자녀도 내 책도, 내 지성도 분명히 내 것인 줄 알았는데 다 기프트였어. 우주에서 선물로 받은 이 생명처럼, 내가 내 힘으로 이뤘다고 생각한 게 다 선물이더라고." 하신 말씀에는 저는 진정 말 그대로 100% 공감하며 펑펑 눈물을 흘렸습니다. 일찍이 병명도 모른 채 나이 서른도 못 살 것이라는 의사의 선언에도 불구하고 곱절이 훨씬 넘은 지금까지, 일곱 가지 무지개색의 온갖 인생살이를 해오는 동안, 기쁘면 기쁜 대로 슬프면 슬픈 대로, 실로 모든 사건과 사실이 하나님께서 주신 선물임을 믿는 저의 개인적 경험을 확인해 주는 말씀이었기 때문이었습니다.

이어령 선생님! 선생님의 사색과 통찰력에서 솟아나는 언어의 선별력과 신조어의 창의력, 선생님이 구현하시는 표현력과 비유의 능력 등은 이렇게 저로 하여금 깊은 울림과 감탄사를 연발하게 했고 심지어는 경이로운 형이상학적 유희가 되어 저를 전율하게도 했습니다.

그런데 선생님! 저는 같잖게도 간혹 선생님의 고견과 표현에 홀로 이의를 신청하는 부분도 있었음을 고백하고도 싶습니다. "서양의 경우, 자녀를 독립적으로 키우는 데 비해, 우리는 "무조건 포대기로 싸서 둘러업잖아. 어미 등에 붙어 커서 우리나라 사람들이 천성이 착해요." 하셨습니다. 저도 3~4년 전까지는 우리나라 사람들의 천성이 착하다고 믿었습니다. 아주 오래, 거의 40여 년 전이라고 기억하는데 '8:30'이라는 생방송 프로그램에 상당 기간 동안 참여한 저를 지켜보신 고(故) 선우휘 조선일보 주필께서 저의 그런 시각을 칭찬하시기까지 할 정도였습니다. 그런데 최근에 저는, 우리나라 사람들이 얼마나 나쁜 쪽으로도 영악하고 거짓과 음모에 밝다는 것에 놀라며 한탄하고 있습니다. 그래서 지금도 우리나라 사람들의 천성이 여전히 착하다고 보시는 선생님께 다시 확인하고 싶어집니다.

또 선생님께서는, "이 시대가 좋든 싫든, 한국인은 지금 대단히 자유롭고 풍요롭게 살고 있지요. 만조(晚潮)라고 할까요. 그런데 역사는 썰물과 밀물을 반복해요. 썰물이라고 절망해서도 안 됩니다. 갯벌이 생기니까요."라고 하셨습니다. 흔히 진화하기 위해서는 두 발짝 나가고 한 발짝 후퇴한다고 하고, 역사는 나선형으로 나아간다고도 합니다. 그러나 저는 조바심과 두려움까지 느껴집니다. 왜냐하면, 이 시대는 갯벌이 생기고 이를 간척지로 만들 시간을 벌 수 없는, 이른바 광속화 글로벌 시대이기 때문이라는 생각이 들어서입니다. 현재가 대한민국 최고 전성기가 된다면 어쩌나 하는 염려도 있어서 이 시대가 발전을 위한 한 걸음의 후퇴인 밀물 시대로, 또 이 시대를 발전을 위한 한 걸음 후퇴의 절차로 여기고 싶지 않을 만큼 저는 절박함도 느낍니다. 저는 이보다 더 나은 나라가 될 수 있다는 소망과 야심이 가득한 저의 속내를 선생님께 강조하고 싶습니다.^^ (선생님, 죄송해요. 추모사에 이모티콘을 넣어서. 오래전에 만드신 선생님의 신조어(新造語) '디지로그'의 영향력 때문이라고 웃으시며 너그럽게 받아주세요. 웃음을 흘리며 추모사를 쓰고, 또 이 추모사를 받으신 선생님께서 웃으셨으면 좋겠다는 마음입니다.)

돌이켜 보면, 용기를 내어 불쑥 선생님 앞에 나타나 저를 밝히며 저의 하찮은 소견과 시건방진 질문을 펴보지 못했는가를 후회합니다.

지금은 천상에서 제 추모사를 받으실 선생님! 2019년 10월 19일, 저의 일기도 읽어 보아 주시기 바랍니다. 선생님의 말씀에 대한 술

한 찬탄을 이 추모사에 옮기지 못하였기 때문입니다. 특히 '이어령 선생님, 부디 건강하셔서 더 많은 말씀으로 저를 울고 웃게 해주시기를 기도합니다'라고 기록한 마지막 문단을 선생님께서 꼭 읽어주셔야 합니다. 이렇게 선생님의 말씀을 더 듣고 싶어 하던 제가, 선생님의 별세 소식에 가슴 아파하며 이 추모사를 올리게 됨을 알려드리고 싶어서입니다.

선생님을 '이 시대 최고의 지성'으로 모시는, 선생님께서는 알지도 못하는 얼마나 많은 사람이 있었는가를, 그 많은 사람이 선생님의 돌아가심을 애통해하며 선생님을 그리워하고 있음을 아시기를 간절히 기원하며 선생님의 영전에 이 추모사를 올립니다.

28

한국 최초 여성변호사 이태영 박사님
서거 20주기에 드리는 추모사
-2018.12.27. 충무아트홀 1층 컨벤션센터-

지난 10월 1일에도 이태영 박사님, 정일형 박사님의 묘역을 찾았습니다. 그날은 묘역 앞 보수 작업이 한창이었습니다. … 머릿속으로 두 분의 모습을 그려 보며, 오늘 이태영 박사님 서거 20주기를 맞이하여 박사님을 여전히 그리워하고 추모하는 마음으로 이 자리에 참석하신 여러분과 함께 추모의 마음을 나누고자 합니다.

저는 1963년 이화여대 2학년 때, 법정대학 학장님으로 오신 박사님을 처음 만나 뵈었습니다. 고시 공부를 해서 판사가 되고자 했던 제가, 롤 모델인 이태영 변호사님을 만난 감격은 이루 말할 수 없었습니다. 1971년까지 8년간을 이화여대에 계시는 동안, 이태영 박사님은 많은 제자를 기르시고 사랑하셨는데 부족한 저는 그 제자들 중 한 사람이었습니다.

사실 너무 갑자기 제게 추모사를 부탁해서 사양했습니다만, 그러나 "내가 죽으면 네가 추도사를 해라"라고 하셨는데 애제자 중의 하나였던 제가, 우여곡절 끝에 장례식에도 참석하지 못했던 제가 박사님의 서거 20주기에 추모하는 말씀을 올려야 마땅하다는 결단을 내리며 만사를 무릅쓰고 오늘 이 자리에서 추모사를 올리게 되었습니다.

한국 최초의 여성변호사, 최초의 여성법학박사, 한국가정법률상담소 설립자이며 영원한 소장님, 여성해방운동의 대모, 나아가 우리나라 민주화운동의 여성투사 등으로 알려진 이태영 박사님의 생애 업적과 활동에 관하여는 여러분께서는 이미 잘 알고 계실 것입니다.

또한 서울시 중구 구민들이 배출한 8선 국회의원이신, 거물급 정치인 정일형 박사님의 아내이신 이태영 박사님, 역시 중구가 낳은 5선 의원 정대철 현 민주평화당 고문의 어머니이신 이태영 박사님, 현재 민주평화당 서울특별시 당 위원장이시고 중구, 성동을 지역위원장을 맡고 계신 19대 정호준 국회의원의 할머니이신 이태영 박사님. 이렇게 중구 구민의 자랑이요, 우리나라 명문 정치인 집안의 이태영 박사님과 그 가족 관계도 여러분은 익히 알고 계실 줄 믿습니다.

그래서 저는 오늘 이태영 박사님의 크나큰 업적과 활동상황 등에 관련해서 보다는, 박사님의 가르침을 받고 사랑을 받은 제자 중의 한 사람으로서, 늘 선생님, 선생님 하며 모시던 호칭으로 선생님과의 개인적 추억을 떠올리며 여러분과 함께, 하늘나라에 계신 선생님과 진솔한 대화를 나누는 추모의 시간을 갖고자 합니다.

저는 대학에서 본격적으로 고시공부를 하기 시작했던 때부터 거의 15년간 병명도 모르고, 그 원인도 알지 못했던 병으로 고통을 당했습니다. 그저 불치의 병으로만 알면서 이런 치료, 저런 치료 방법으로 연명하며 긴 세월 동안 병고에 시달렸습니다. 서른도 살기 어렵겠다고 했고, 결혼을 하면 더 일찍 죽게 될 것이고 아이도 낳지 못할 것이라고 했던 그 시절에, 저를 위해 기도하시고 애통해하시던 선생님, 저의 버팀목이 되셨던 선생님을 기리고 추모합니다. 어렸을 적부터 판사 되기를 꿈꾸었던 제게 닥친, 병마와의 싸움은 저를 참담하게 만들었습니다. 그 외롭고 견디기 힘든 세월에 이 병원 또 저 병원을 찾아 헤매고 유명하다는 한의원을 찾아다닐 때, 간혹 저를 부축하고 다니면서 격려해 주던 한 남학생은 저의 가족보다 먼저 선생님께 저와 결혼하고 싶다고 고백을 했습니다. 선생님은 숙자 빨리 죽게 하려고 하느냐고 반대하셨습니다. 양가의 반대와 선생님의 반대에도 불구하고 저는 이왕 죽을 바에는 결혼이라도 해보고 죽자는 심정으로 그와 결혼을 했습니다. 그러나 하나님의 은혜로, 그리고 현대의학의 힘으로 용혈성 빈혈이라는 병명을 알게 되어 완치를 받아 좀 늦게나마 박사학위까지 받고 대학 교수가 되었습니다. 기나긴 병마와 싸우는 그 세월 동안에 선생님으로부터 받은 사랑은 밤을 세워도 다 말씀드릴 수 없을 정도입니다.

사회자께서 제가 한국가정법률상담소 자원봉사 부소장으로 선생님 밑에서 여성인권 문제 등을 위해 활동했다고 저를 소개하셨습니다만, 기실은 선생님께서 제게 베풀어주셨던 그 무한한 사랑에 조금이라도 보답하고자 명지대학교 법학과 교수로 있으면서도, 대학 측의 양해를 얻어 상담소 자원봉사 부소장으로 교육원을 맡아 각종 법률 강좌는 물론, 일찍이 이른바 평생교육, 사회교육을 위해 조그만 봉사를 하였습니다. 그리고 선생님의 가족법 개정운동에 뒤를 이어 여성을 위한 상속세법 개정, 민법상의 재산분할청구권규정 신설 등 각종 법률상의 여성차별 폐지를 위한 활동을 하였습니다. 그렇지만 선생님의 그 크신 은혜와 사랑에 보답하기에는 극히 적은 수고였고 봉사였다고 생각됩니다.

선생님께서는 제게 많은 가르침을 주셨습니다. 그중에서도 저는 특별히, 옳지 못한 일, 잘못하는 일을 보면 불같이 야단을 치시는 선생님의 가르치심, 그 책망 이후의 따뜻한 격려의 말씀과 온화한 사랑의 가르치심을 그대로 배우고 익혔습니다. 그래서 26년간의 대학교수를 하는 동안은 물론, 8년간 총장으로 재직하고 있는 현재까지도 교수들에게, 직원들에게, 선생님의 교육법, 훈육법을 그대로 실행해 오고 있습니다. 그 점에서는 저는 선생님의 수제자라고 고백하겠습니다. 그러나 어떠한 일을 끝까지 지켜보며 추적하는 실천적, 투쟁적 기질을 본받지 못한 점을 언제나 안타깝게 여기고 있습니다.

선생님께서는 제게 일생을 대학교수로 지낼 거냐, 국회의원을 하고 정치계로 나가라고 권하셨습니다. 그러나 저는 선생님의 뜻을 따르지 못했습니다. 바로 제 약한 투쟁력 때문입니다. 실은 그 후 다른 정권에서도 국회의원, 장관직 제안이 있었습니다만, 일체 거절하고 정치인은 되지 않았습니다. 다만 여·야를 막론하고 제가 중립적 입장에서 잘하는 점, 못하는 점을 과감히 지적하고 비판하는 다소의 정치성향이 있다는 점에서는 선생님을 본받았습니다.

선생님과 저 사이에 이런 일화가 있었습니다. 저는 언니가 여당 비례대표제 국회의원이 된 것을 조간신문을 보고 비로소 알았습니다. 그런데 선생님은 저에게 호된 질책을 내리셨습니다. 제 일생동안 어느 누구에게도 그렇게 호된 질책을 받아본 적이 없었고 험악한 말도 들어본 적이 없었습니다. 네가 스파이 노릇했구나. 너의 언니가 여당이고 여당 국회의원이야. 왜 나에게 속이고 내 옆에 있었느냐 하시면서. 그래도 저는 한마디 변명 없이 묵묵히 서서 눈물만 흘렸습니다. 그리고 그 이후에도 저는 선생님 곁을 떠나지 않았습니다. 선생님 또한 저를 속속들이 알고 계셔서 그날 이후 더 이상 말씀을 않으시고 저를 여전히 사랑하셨습니다. 한일회담 반대를 외치며 이화여대생들을 교문 밖으로 나가자고 독려하던 저의 과거를 아셨던 선생님, 1971년 김대중 대통령 후보 지원유세차, 부산에 오셨을 때 선생님을 저희 집으로 모셨던 저의 속내를 아셨던 선생님, 목에 노란색 머플러를 두르고 김대중 선생님 선거유세장을 소문 없이 다닌 것을 알고 계신 선생님이셨기 때문입니다. 선생님은 제가 자유, 민주, 정의라는 단어들을 극히 좋아하고 그리워하는 법학도임을 잘 알고 계시기 때문에, 더욱 제게 공연히 화를 내신 것이라는 것을 저 또한 잘 알기 때문에, 선생님과 저는 그 이후에도 찰떡궁합으로 상당 세월을 함께 하였습니다. 제 남편 역시 선생님의 열렬한 팬이었습니다. 이른바 3.1 민주구국선언 사건 후, 정일형 박사님께서 병원에 계셨고 그 입원실을 드나드는 사람들을 일일이 기록하게 할 때도, 당시 남편은 판사 신분이었지만 저와 함께 거리낌 없이 입원실 출입을 하였습니다. 저희 부부는 두 분을 존경하고 그 하시는 일들에 전적으로 동감하기 때문이었습니다.

국회의원, 장관이 있는 여당 집안 내에, 야당 김숙자가 있다는 것, 이건 순전히 선생님 제자로 선생님을 존경하며 선생님께 받은 가르침으로, 선생님을 쫓아다닌 영향력 때문이었습니다. 제게 혈육은 혈육이었고, 스승은 스승이기 때문이었습니다.

여러분 앞에서 선생님의 비밀스러운 면을 또 하나 알려드리려고 합니다. 제가 하나님의 은혜로 완치되고 결혼해서 못 낳을 것이라는 아이 셋을 나았을 때 기뻐하셨지만, 제 건강을 계속 체크하시던 선생님은, 남편에게 "숙자 죽이려고 셋씩이나 낳고, 아들 낳으려고 또 더 낳으려고 하느냐, 당장 중절 수술하라"라고 명하셔서 제 남편은 병원에 가서 아들이 너무 많다고 거짓말하고 수술을 받았습니다. 그러나 다른 한편으로는 저에게 딸만 셋인 것을 안타까워하셨습니다. 선생님은 가끔 "하나가 아들이었으면 좋았는데…" 하셨고, "너는 다른 복은 다 있는데 아들 복이 없구나." 하셨습니다. 여러분! 여성운동가 이태영 선생님께서 그런 말씀을 하시다니! 하고 놀라거나 실망하시지 말기 바랍니다. 그 시대의 모든 친정 어머님들이 하실 수 있는 말씀입니다. 친정 어머님처럼, 그만큼 저를 진정 사랑하셨다는 말씀을 드리는 것이니, 여러분, 절대 비밀로 해 두시기 바랍니다. 그런데 하나님은 공평하십니다. 제 딸들에게서 아들만 셋이 나왔습니다. 손자만 셋입니다. 하늘나라에서 선생님은 제가 아들이 없다는 염려를 더 이상 하지 않으실 것입니다.

실로 선생님은 열정적이고 투쟁적이신 사회운동가이셨습니다. 그러나 서울 중구 구민들이 배출한 당시 야당의 큰 지도자 8선 국회의원이셨던 남편 정일형 박사님께는 더없이 사랑스러운 애교 만점의 아내셨습니다. 어떤 때는 제가 닭살이 돋을 정도로 애교 만점이셨습니다. 정대철 전 의원, 정호준 전 의원에게는 더없이 다정하신 어머니, 할머니셨습니다. 그리고 중구가 낳은 정치인 명가의 여주인으로서, 더없이 중구 구민 여러분을 사랑하시는 세심한 여성이셨습니다.

제가 선생님 때문에, 선생님의 심사를 받아 닭찜 요리의 명인 자격을 취득했다는 말씀도 들려드리겠습니다.

남편이 부산에 발령을 받게 되어 부산에 살고 있을 때, 1971년 김대중 대통령 후보 지원유세차 선생님께서 부산에 오셨습니다. 선생님을 저희 집에 하룻밤을 모시면서 저는 생선회와 닭찜 요리를 주반찬으로 식사 대접을 해 드렸습니다. 그런데 선생님께서 서울 가셔서 만나는 분들에게 숙자가 닭찜을 그렇게 맛있게 해주더라, 공부만 잘하는 줄 알았더니 음식 솜씨가 끝내주더라고 소문을 내신 덕분으로, 제가 하루아침에 닭찜 명인으로 등극했습니다. 그 후 저희 집에 오시는 손님마다 닭찜 요리를 해 달라고 해서 저는 진정 닭찜 요리의 대가가 되었습니다.

선생님! 꿈에라도 모실 수 있다면 요즈음 진일보한 퓨전식 닭찜 요리의 진수를 보여드릴 수 있습니다. 그러면 선생님께서는 그 유명한 TV스타 백종원 씨를 밀어내고 네가 나가 요리 강습을 하라고 하실 것이 분명합니다. 언제, 어디서나 제자 자랑이 끝없으신 선생님이시기 때문입니다.

돌이켜 보면 선생님께서는 우리나라 여성문제뿐만 아니라 전 세계 여성의 인권문제, 우리나라의 자유민주화뿐만 아니라 세계 각국의 민주화가 온통 선생님이 짊어지셔야 할 짐이었고 그 모두가 선생님의 근심 거리였습니다. 요즈음 정부 정책도 그러하고 대학마다 글로벌 인재, 창의적 인재, 융복합 인재양성이 교육목표로 통일되다시피 되어있습니다. 이런 요즈음 선생님을 회고해 보면, 이태영 선생님이야말로 일찍이 글로벌 지도자, 창의적 지도자셨고, 여성문제, 인권문제, 자유 민주시민운동 등 모든 분야를 두루 섭렵하는 융복합형의 선각자요, 지도자이셨습니다. 그리고 일찍이 이 나라에 가정법률상담소를 자력으로 세우시고 경영하신 선생님은 경제적 약자, 법률적 약자를 위해 국민 복지를 개척하시고 실현하신 선구자였다고 단언할 수 있습니다. 그래서 저는 오늘 더 이상 이태영 선생님을 우리나라 여성지도자, 여성인권운동가 등 "여성"이라는 앞 글자를 틀에 묶어 거론하지 말 것을 호소합니다. 선생님은 진정 특별한 여성이셨습니다. 그러나 그 활동 분야는 우리나라는 물론, 세계를 상대로 하셨습니다. 그리고 그 생애의 업적과 기여하신 분야는 여성은 물론, 남성, 우리 모두를 위한 것이었기 때문입니다. 선생님이야말로 글로벌 인재, 창의적 인재, 융복합의 고수셨습니다. 가난한 사람, 그리고 여성은 물론 약한 자를 위한 사설 가정법률상담소를 전국적으로 설립하고 운영하신 복지 실천가였습니다.

그 시대를 살아오신 분들은 아실 것입니다. 그 당시는 여성의 길은 척박한 땅, 돌밭 길 같고 사막 같았습니다. 그런 시대에 여성인권의 목마름을 축여줄 우물을 파신 분이셨기 때문에 지금까지 우리는 선생님 앞에 "여성"이라는 단어를 줄곧 붙여 왔습니다. 여성인권에 허기지고 배고팠던 시절에 그 허기를 채워줄 마중물을 마련하신 분이었기 때문에 우리는 여성변호사, 여성운동가, 여성인권가, 여성지도자라는 명칭을 선생님께 바쳤습니다. 그러나 이 시대에 들어와 돌이켜 볼 때, 선생님은 여성만을 위한 지도자가 아니셨습니다. 전 세계 인류를 위한 선각자이자 지도자셨습니다. 글로벌 인재, 시대를 앞서간 창의적 인재, 융복합의 지도자이셨기 때문에 이제는 굳이 "여성" 두 글자를 앞세워 선생님의 업적을, 그 지도력을, 그 활동 분야를 좁혀 드릴 수 없기 때문입니다.

저는 이렇게 훌륭하신 선생님을 상당 기간 모실 수 있었고, 선생님 밑에서 배우고 심부름을 할 수 있는 기회를 가졌던 것을 영광으로 알고 감사합니다. 비록 제 키는 여전히 자라지 못하고 이렇게 작은 체구이지만 그나마 대학에서 대학원장, 부총장을 거쳐 오늘날 총장까지 자라 온 것은 선생님의 여러 가르침 덕분이라고 생각합니다.

서른을 못살 것이라던 제자가 일흔네 살이 되었습니다. 그런데 선생님, 오늘도 제가 여전히 선생님의 가르침에 목말라 있는 제자입니다. 오늘도 제 질문에 대한 선생님의 답변을 듣고 싶은 제자입니다.

두고 온 고향 땅을 그리며 통일을 염원하시던 선생님, 지금 어디서부터 어떻게, 남북관계를 풀어나가야 할까요? 동·서 간의 갈등을 넘어 부모·자식 세대 간에, 진보·보수라는 집단 간에, 노·사 간에, 깊어져 가는 골을 어떻게 메울 수 있을까요? 융합과 화합의 원천을, 그 구심점을 어디에서부터 찾아야 하겠습니까?

선생님! 나의 자유, 너의 자유, 저마다의 자유들이 그 상승작용으로 인하여, 자유가 차고 넘쳐서 해일이 일어날 지경입니다. 나의 인권, 너의 인권이 부딪치며 조각나서 어느 누구의 인권인가는 낙엽처럼 흩어져 밟힐 수도 있는 지경입니다.

선생님! 선생님께서 가르쳐 주신 자유, 민주, 정의, 평등, 평화의 의미를 다시 가르쳐주실 수 없으신가요? 선생님의 제자인 제가 추모사를 하는 이 자리에서도 여전히 하늘을 향해 선생님께 끝없는 질문을 합니다. 세상 끝날까지 스승님을 본받아 법과 원칙에 따라, 정의롭게, 그리고 당당히, 살아가고자 노력하는 제자가 이 시대에 선생님으로부터 다시 가르침을 받고자 합니다. 저는 영원한 선생님의 제자이기 때문입니다.

저의 추모사를 마칩니다. 감사합니다.

PART

03

세월이 그려내는 이야기

이 나이 되도록 세상 사는 동안, 시대를 지켜본 소소한 기록 중에서 길 위에 펼쳐 놓아도 좀을 쓸 없는 이야기들을 솎아서 여기에 옮겨 놓았습니다.

1

대한민국 사람은 나만 빼고 가수다

음악 과목 점수 때문에 일등을 놓친다고 하시며, 남몰래 노래 과외를 시키던 음악 선생님의 은덕으로, 이 나이에 부를 수 있는 노래는 '바위고개'뿐입니다. 마을 청년 등에 업혀 교회 가던 시절부터 가슴으로 부르고 머리로 기억하는 찬송가도 노래라면, 음정 무시, 박자 무시, 소리 높여 당당히 부를 노래는 많을 것입니다.

바위고개

이흥렬

바위고개 언덕을 혼자 넘자니
옛님이 그리워 눈물 납니다
고개 위에 숨어서 기다리던 님
그리워 그리워 눈물납니다

바위고개 피인 꽃 진달래꽃도
우리 임이 즐겨 즐겨 꺾어주던 꽃
임은 가고 없어도 잘도 피었네

임은 가고 없어도 잘도 피었네

　이런저런 자리 중 노래시키는 자리가 싫어서 전전긍긍하던 음치인 제게 구세주가 생겼습니다. 그것은 바로 우후죽순으로 생긴 노래연습장입니다. 앞 다투며 신청곡 번호를 찍고 마이크 뺏기 바쁜 대한민국 사람의 가수화가 비롯되어, 저도 얼씨구절씨구 귀 호강의 여유로 노래연습장을 즐겼습니다. 세대 차이라는 벽을 뚫으려고 이런저런 노래 아는 척해대고, 노래 자리를 피하기는커녕 흥에 겨워 앞장서며, 대한민국 국민가수들과 당당히 폼까지 잡아봅니다.

　싸이의 강남스타일이 말춤으로 세계를 주름잡더니 방탄소년단의 노래가 지구를 들썩거리게 합니다. 미스트롯, 미스터 트롯이 트로트의 전성시대를 열더니, 여기저기서 뒤질세라 노래경연이 봇물 터지고 있습니다.

　2020년 9월 현재 대한민국 51,841,786명 국민 중에 저를 뺀 전체 국민이 가수인 나라 대한민국. 과연 음주가무에 밝은 동이족 후예라고 할 만하지 않습니까?

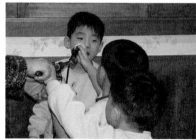

마이크 뺏기 바쁜 국민가수들

2

왁자지껄 뱀 소동

1978년, 그러니까 아주 오래전 실화(實話)입니다. 말레이시아 말라야 대학에서 회의를 마치고 한사코 자기네 나라 구경하고 가라던, 태국에서 온 학생들 성화에 얼떨결에 태국에 가게 되었습니다. 쫄라롱컨 대학과 유명 관광지며 시장 거리까지 구경 한 번 잘했고 열대과일 맛까지 흠뻑 즐기며, 기념선물도 받아 즐겁게 귀국하는 길이었습니다. 그러던 중 머리카락이 쭈뼛 서는 문제의 사건이 김포공항에서 일어났습니다.

세관 직원이 저를 따라오라 하더니, 여행 가방을 열어보라고 했습니다. 멋도 모르고 당당히 여행 가방을 열어젖히는 제게 뱀이 들어있다고 연락받았으니 뱀을 꺼내라고 지시했습니다. 몸을 떨며 모기 소리만한 목소리로 저는 뱀이 어디 있는지 모르니 세관원들에게 뱀을 찾아보라고 했습니다. 조심스레 짐 뭉치를 들어내는데 그건 바로 선물 받은 박스였습니다. 학생들이 뱀을 선물하다니… 기가 막힐 노릇입니다.

저는 멈칫 뒤로 물러나 있고 세관원은 담담히 박스를 풀었습니다. 나무로 만든 용머리에 달린 화려

용무늬 종

한 작은 용무늬 종이 나왔습니다. 세관원들은 '이게 뱀으로 보였군' 하고 서로들 웃었습니다.

취미를 기록하는 난에 독서라고 쓸 뿐 특히 수집 취미라고는 없던 제게, 그 후로는 미니 종(鐘)을 모으는 취미가 생겼습니다. 종을 좋아해서가 아니라 이 희한한 사건 때문입니다. 나라 안팎에서 모은 종들이 집안에 그득합니다. 다양한 재질에 모양과 값도 제각각의 갖가지인 종들이 있습니다. 그중에서도 수집 제1호 종은 잊을 수 없는 종, 세관 조사까지 받게 한 바로 그 태국산 종과 닮은 용무늬 종입니다.

두 개의 용무늬 종을 마주 놓고 사진을 찍었습니다. 45년 전 울고 싶었던 사건이 지금은 즐거운 추억이 되어 눈앞에 아른거립니다.

수집 제1호 종   선물받은 종과 수집 제1호 종

내 사랑 미니 종

초등학교 수업시간을 알리는 종소리, 4H 청년 농부 모임을 알리는 공회당 종소리, 교회 예배 시작을 알리는 종소리. 종소리에 길들여 있던 어린 시절 때문인지 지금도 어디에서든 어쩌다 종소리가 들리면 공연히 긴장하며 자세를 가다듬고 가던 길도 멈추곤 합니다.

1978년 태국 대학생들로부터 선물 받은 특이한 미니 종 때문에 세관 검사까지 받은 것이 계기가 되면서, 다양한 국내외 미니 종들을 제법 많이 수집하기에 이르렀습니다.

진열하고 보관하기도 난처해진 지경이라 10여 년 전부터 종 수집을 거의 포기한 이후로는 바쁜 세월 속에 중문 앞 벽장의 종들에게 눈길조차 주지 못하고 드나들었습니다. 바깥일을 마감하고 집안에서 인생길 짐 정리를 하려던 차에, 딱 마주친 COVID-19가 가져온 '집콕', '방콕'생활이 서운한 마음 가득 안고 집 안팎을 정리 정돈할 수 있는 시간을 주었습니다. 이제 제게 남은 것은 저의 생을 비추어주는 기록과 사진뿐이라는 생각으로, 텅 빈 집안이 홀가분하면서도 때로 허전함과 허무함을 가져오기도 하였습니다. 그러던 어느 날 진열장 속 그득 놓인 종들이 저를 불러 세웠습니다. 출장길 또는 여행길에 그리도 애지중지 모으던 종들이 이리도 찬밥 신세가

미니 종

되었으면서도 저를 찾아 다정히 눈길을 주고, 외로움 타는 지금의 제게 다정하게 속삭이고 있습니다.

그 크기와 종소리가 단연 으뜸인 종은, 어느 폐교된 초등학교 종입니다. 정교한 목공예 나무 둥치에 매달아 갖고 온 제자의 지극정성이 담긴 학교 종입니다. "학교 종이 땡땡땡 어서 모이자…" 노래를 흥얼거리며 가족들 아침 식사 소집용으로 사용되던 종입니다.

미국에서 의사를 하는 여고시절의 짝꿍이 보내온 두 겹의 유니콘 종은 종의 재료, 색상, 기술, 디자인이 가히 예술품이며 유니콘의 모티브까지 넣은 종입니다. 지금껏 이런 종류의 종은 찾아보기 어려울 정도로 희귀하고 고급 품격을 지닌 종으로 간직하고 있습니다.

이탈리아 베네치아의 무리노섬 유리공예 현장에서 만났던 무리노 종과 미국행 항공로가 알래스카를 경유하던 시대에 만난 알래스카의 종들은 그 역사를 자랑하고 있습니다. 노랑, 빨강, 파랑 색상이 묘하게 조합된 십자가를 중심으로 찬란함을 과시하는 종, 그 종은 예나 지금이나 바티칸시국 앞 기념품점에서 여전히 팔리고 있습니다. 그리스 이드라 섬에서 데려온 종들은 나름대로 특이한 형상들이 많고 밝은 느낌에 종소리도 맑습니다. 터키 종들은 '나는 터키에서 왔다'라고 외모로 증명될 만큼 '터키'답습니다. 이집트는 파라오나 상형문자로, 캐나다는 국기 또는 단풍잎으로, 네덜란드는 풍차로, 프랑스는 종 꼭대기에 국조(國鳥)인 닭을 세우는 등 각기 국가의 상징성을 표시하고 있습니다. 오랜 세월 건재하는 독일 마이센 도자기사는 그 특유한 로고 '쌍칼' 마크를 새겨 넣은 깔끔한 종을 만들었습니다. 파산한 영국 웨지우드 회사 종들은 웨지우드 본연의 색상과 도안을 그려 넣고 있는데, 웨지우드 도자기 산업의 파산이 아직도 제 가슴을 찡하게 합니다. 프랑스, 오스트리아는 특히 크리스털 또는 포슬린으로 예쁘고 화려한 장식용 종들을 주로 만들고, 미국은 필라델피아 독립기념관 자유의 종 모형을 앞세우더니 근래에는 프랑스도, 미국도 그 밖의 세계 각국이 그들 곳곳의 관광지마다 각자 특유한 미니 종 상품들을 팔고 있습니다. 일본은 상대적으로 미니 종이 늦게 출시되었는데도 전통적 색상과 문양으로 일본 냄새를 풍깁니다. 동북아 종들의 특색은 주로 놋쇠 종들이고 신화 또는 토속적 신심을 담고 있습니다. 중국과 수교 이후 만난 중국인 친구들과 그 가족들로부터는 중국 56개 민족 특유의 귀한 중국 종들을 선물 받기도 하였습니다.

우리나라는 뒤늦게 미니 범종 종류 등 놋쇠 종을 대표작으로 만들더니 언제부터인가 사기 재질로 만든 종들을 만들어서, 국내에서보다 외국에서 '메이드 인 코리아' 미니 종들을 만나보게 하였습니다. 많은 종들 가운데서도 스위스 종은 고유의 종소리로 대표성을 갖습니다. 그 선명한 맑은 종소리를 듣고 있노라면 요들송 듣는 기분으로 마음이 들뜨고, 스위스의 산들과 꽃을 얹어 놓은 아름다운 집들이 눈에 선하게 떠오릅니다. 심신의 평온과 행복을 기리기에는 스위스 종소리가 최고인 것 같습니다. 종 하나하나에 각각의 사연이 깃들어 있고 종소리도 각기 달라서 낮이고 밤이고 이것저것 하나씩 꺼내어보고 흔들어 대며 종들의 고향을 기억해 내고 종소리를 음미해봅니다.

갑자기 이 종들을 어떻게 할까 하는 생각에 머릿속이 복잡해졌습니다. 꼬물거리는 강아지를 분양할 때만큼 마음 쓰릴 것 같습니다. 차를 바꿀 때마다 저는 떠나보내는 자동차의 마지막 모습을 보지 못할 정도로 무생물에 대해서도 이별에 약한 편입니다. 온 집안을 휑하게 정리해 버린 날만큼의 아픔을 다시 겪고 싶지 않고, 종마다의 추억을 삼키며 종소리마다 찾아드는 울림을 듣고 싶어서 사는 날까지 반려물로 품고 가자는 결심으로, 종소리를 울리며 700여 개 종의 먼지를 하나씩 닦기 시작했습니다.

내 사랑 미니 종이 울리고 있다.
'누구를 위하여 종은 울리나'

학교 종   유니콘 종   그리스 종

4

'사랑의 정체'

사랑은,

한 방울씩 솔솔 새어나가는 형이상학적 액체인가

눈에 잡히지 않게 날아가 버리는 형이상학적 기체인가

야금야금 삭아가는 형이상학적 고체인가

사랑 찾아 헤매고

사랑 잃어 돌아서는

그 사랑의 정체가 참으로 궁금하다

사랑을 찾아 헤매다 마침내 붙잡은 사랑을 독차지하려 혼인을 합니다. 사랑 앞세워 부부가 된 두 사람은 사랑을 가득 채운 풍선을 천장에 매달고 목 아프도록 쳐다보며 매일을 살아갑니다.

탱탱하던 사랑풍선 날이 가면 갈수록 쪼그라들어도 사랑이 삶에 녹아든 때문이라 스스로를 위로합니다.

칼로 물 베기 싸움도 하고, 사랑으로 낳은 아이를 핑계 삼아 부부전쟁 종식도 선언하며 사랑풍선 리모델링하기에 하루가 힘겹게 세월을 살아갑니다.

솔솔 새어나가는 사랑의 바람을 보충할 기력조차 없어지는 즈음에 이르면 끝내는 미운 정 고운 정으로 살아가노라 체념하듯 읊조리게 됩니다.

간혹 사랑풍선이 펑 터져버린 부부는 애초부터 너와 나 사이는 무촌(無寸)이었다고 이혼으로 남이 되어 등 돌리며 떠납니다.

가정법원 가사조정실에서 조정위원으로 이혼 조정업무를 마치고 상념에 잠겨있습니다. 사람은 천사도, 동물도 아닌 사람이기에 이혼제도가 있다고 한 말이 생각납니다.

5

후손에게 넘기고픈 이야기

가물거리면서도 날이 갈수록 선명해지는 70년 묵은 6.25 잔상들을 모아서 사랑하는 후손들에게 이 시대에 유행하는 스토리텔링으로 저의 6.25를 알리고 싶습니다.

하나 둘 셋 넷 구령에 맞춰 운동장을 돌고, 벚꽃 그늘 아래 쪼그리고 앉은 채 듣던 지루한 선생님의 훈령. 그 이후 저의 초등학교 1학년 햇병아리 시절은 6.25로 날아갔습니다. 서울에서 공부하는 언니를 두고 피난길에 오를 수 없다는 아빠는 서울을 향해 산고개 굽이굽이 돌며 딸자식 찾아 밤낮 일주일을 걸어서, 진고개 친척 집에 숨어있던 자식을 품에 안고 눈물을 흘리셨습니다.

아빠 공장 사무실 여기저기 너풀대던 빨간 현수막, 용광로에 석탄을 퍼 넣던 아저씨들이 팔에 빨간 완장을 끼고, 보무도 당당히 시골 마을을 휘젓고 다녔습니다. 우리 집은 그들의 본부가 되고 강제 이주시킨 마을 귀퉁이 함석집은 비 오는 날 지붕을 때리는 빗소리가 포탄처럼 들리는 집이었습니다. 동네 분들은 평소 인덕을 베푼 덕에 그나마 다행이라고 하였습니다. 밤마다 공회당에 모여 어른들은 늦도록 강연을 듣고 자아비판을 하고 아이들은 이북 노래와 무용으로 어른들의 재롱이 되며, 매일 저녁 반복되는 하루의 일과는 이렇게 마감되었습니다.

바다로부터 들려오는 함포 소리가 공포를 몰아오고 어디를 폭격하는지도 모르는 B29의 폭음에, 마당 뒤쪽에 파놓은 방공호로 숨바꼭질을 하듯 대피를 했습니다. 얼음이 솟아오른 땅 껍질 위를 걷고 걷던 1.4 후퇴 당시 피난길에서의 추위. 고맙게도 갑작스러운 피난민 가족에게 방을 내준 울진 평해 어느 마을 주민. 그 곱고 음전하던 엄마가 때로는 양푼을 들고 밥도 얻어 오셨습니다. 어린 막내 눈에 처음 비친 엄마의 단호함과 강인함과 시큼털털 쉰내 나는 총각김치 안 먹겠다는 철부지 막내에게 울면서 밥 먹이던 엄마의 그 모습은 지금도 가슴을 아리게 합니다. 고달픈 피난 생활에도 철없이 뛰놀다 개에 물려 생고생을 하고, 해변에서 죽은 불가사리며 조개껍질 줍던 그 바다의 그리움이 지금까지도 남아있으면서 방 한 칸을 내어준 그 주인댁을 찾을 수 있으면 고마움을 전하고 싶습니다.

이산가족 될까 봐 6.25 땐 피난도 가지 못했고 공장이며 집은 울며 겨자 먹기로 그들 본부가 되었는데 아버지는 공산당에 협조했다고 매 맞고 업혀서 집에 돌아오셨습니다. 좌우 양편에서 공연히 매 맞고 몸 상하신 아버지는 그나마 인덕 베풀어 이 정도라고 가족들을 위로하며 조그만 나무상자 속에 보물처럼 간직한 빛바랜 태극기를 꺼내셨습니다.

기념일마다 해 뜨기 직전 깃봉에 꽂아 태극기를 올리고, 해가 지기 전에 내려서 태극기함에 보전하라고 유독 태극기 사랑, 나라 사랑을 가르치시던 아버지셨습니다. 억울하게 우익위원회에서 당한 고초도 수용하고, 공산당 쫓아냈다고 태극기부터 부여안고 반공교육에 철저하던 아빠의 이념교육이 저의 뼈에도 녹아있습니다.

태극기

해마다 6.25 기념 웅변대회를 맞으면, 읍 대표로 시작해서 군(郡) 도(道)에 이르도록 한사코 1등 시키려 날달걀을 챙겨 들고 기차 한 칸 가득 응원부대를 동원하던 나의 아빠. 그 아빠의 자손들이 자랑스러운 후손이 되어, 월드컵과 88올림픽에 태극기를 흔들며 거리를 나대고, 태극기 물결 앞에 서면 반사적 자동적 감동으로 반응하곤 합니다.

'아아 잊으랴 어찌 우리 이 날을' 6.25 노래 가르치며
폐허가 된 이 땅에 자유 민주 씨앗 자라
오늘의 번성한 대한민국 있음을 너희들에게 각인시키고 싶다

글로벌 시대, 다민족 다문화 국가, 세계인이 되었다 해도
다만 '잊지는 말자'라는 간절한 마음 담아
6.25. 70주년 되는 해에 나의 후손들에게 나의 6.25를 넘겨준다

6

오늘도 모란꽃

　해마다 덕수궁을 찾습니다. 꽃 중의 꽃이라고 아빠가 사랑하던 적홍색 모란꽃을 보는 연중행사를 위해 오늘도 모란꽃을 만나려 대한문을 들어섰습니다. 덕수궁 여기저기에 아빠의 사랑, 적홍색 모란꽃 말고도 분홍과 흰색의 홑 모란, 겹모란꽃들이 두루두루 저를 반깁니다.

적홍색 모란꽃 앞에 섰다
그 예전 엄마, 아빠 방에 걸렸던 그림 같은,
모란꽃 자수 놓은 액자가 보이는 듯하다

흰색 모란꽃을 본다
잠깐 스쳐간 대한제국 역사와 함께
함녕전에서 승하한 고종 모습이 어린다

분홍빛 모란꽃이 내게 손짓한다
상기된 손자 얼굴 같은 꽃송이 속에
할머니를 찾는 손자의 V자 손길이 한들한들 거린다

216

모란꽃

화려하도록 아름다운 쟁반 같은 꽃잎 중심에
노오란 채색 꽃술이 풍만히도 꽂혀 있다

모란꽃을 대하면 절로 눈이 감긴다
꽃 보기를 황금 보기보다 탐하는 내가
눈으로 보지 않고 가슴으로 모란꽃을 본다

모란꽃 속에 피어나는 아빠 엄마 모습이 있다
모란꽃 위로 아쉬운 대한제국 역사에 감춰진 경건함이 흐른다
모란꽃 너머로 환히 웃으며 달려드는 손자 얼굴이 그려진다

모란꽃 본다는 구실삼아
오늘도 덕수궁 찾아
이런저런 상념의 단상들을 날린다

덕수궁 모란꽃

217

7

살구 한 봉지

살구꽃

인왕산 자락 아늑한 그곳에
거구의 세 그루 목련 나무가 서 있다

목련꽃 흐드러지게 피는 틈새를 타고
연분홍 살구꽃이 열매를 준비한다

화려하고 큼직한 목련 꽃잎 때문인가
스쳐가는 수천 명의 안중에 살구나무는 없다

여름 날 키다리 아저씨가 살구 한 봉지를 건넨다
깔끔하게 세수한 노랑 살구가 담겨있다

참 살구인가 개살구인가 머뭇거리다가
한 입 물어보니 그득한 단맛에 살구향이 넘친다

빨간 앵두, 노란 살구, 옛 시대의 천연 간식들
즐겨 먹던 기억이 입가에서부터 살아난다

다닥다닥 열린 살구 누구든 따 먹을 수 있으련만
배부른 이 시대 탓인지 눈독 들이는 이도 없다

해마다 어김없이 전달되는 살구 한 봉지 속에
어릴 적 추억이 덤으로 담겨있어 그 맛이 찐하다

지난봄 살구 아저씨가 정년퇴임 하셨다
거친 두 손 꼬옥 잡고 서운한 마음을 얹었다

이 여름에도 두둑한 살구 한 봉지가 책상 위에 놓여있다
허겁지겁 하나를 꺼내어 입속으로 넣는다

등산길에 딴 산 살구도 추가로 담았다는 쪽지를 읽노라니
살구 향내 그윽한 아저씨 얼굴이 흐릿하게 떠오른다

인왕산 자락에 고여 있는 내 마음속 응어리

살구 한 봉지 추억이 특효약 되어

오늘도 두 손 모으고

목련동산 위해 기도를 올린다

인왕산 자락의 살구꽃

8

용서하되 잊지는 말자

폴란드 여행길에서 잠시 들렀던 아우슈비츠 수용소 박물관의 수북이 쌓인 안경테와 신발들 앞에 서면 가스실에서 몸부림치던 형상들에 눈물을 흘리면서도 용서하되 잊지는 말자고 말할 수 있습니다. 우리가 당한 죽음이 아니기 때문입니다.

나라 잃은 36년간의 잔혹사를 더듬으며 6.25의 통분할 과거사를 돌이키면 희생된 내외국인의 영령들 앞에 울분에 잠겨도 용서하되 잊지는 말자고 말할 수 있습니다. 우리가 겪은 고통과 죽음이 아니기 때문입니다.

굽이 도는 저의 인생길에 대못 박힌 자국과 세월 갈수록 선명한 아픔으로 남는 일은 용서하되 잊지는 말자고 백 번이고 천 번이고 되뇌어 보아도 지워지지 않는 상흔으로 뼛속 깊숙하게 박혀 있습니다. 잊어버릴 수 없음에 용서가 안 되기 때문입니다.

잊지 않으면서 용서하라는 것은 스스로를 기만하는 언술(言述)인 것을 알면서도 오늘도 우리는 용서하되 잊지는 말자고 감탄할 만한 명언을 구호 삼아 이리도 아름답게 속이고, 속아가며 살고 있습니다.

9

인생 공부

아련히 먼 길 헤쳐 오늘을 만났다
발자국마다 일렁이는 무지갯빛 뒤편으로
되돌릴 수 없는 상흔이 가슴을 치게 한다

단 한 번 맡겨진 세상살이가
수평선 너머로 이어질 듯한 착각에
나를 던져 검푸른 파도 타고 또 넘다가
난파선 조각에 실려 발 닿은 여기에서

세상을 다시 읽는다
또 다른 하늘을 본다
이제야 내일을 엿보며
새 땅을 딛고

나는 지금 여기에 있다

IT 시대의 새로운 장애인

한 장 한 장의 종이 안에 담긴 글들이 뇌에 박히며 제 것으로 저장이 됩니다. 한 문단 문단이, 그리고 그림 또는 사진 위치, 그 여백… 신기하게도 밑줄 친 기억까지도 입력됩니다. 책 한 권을 독파하였다는 뿌듯함에서 때로는 책거리를 핑계 삼아 기분도 풀고 너덜너덜 닳도록 읽고 읽은 책들 몇 권은, 후손들에게는 무궁화 훈장 이상의 유물이 될 터입니다. 책장에 그득 꽂힌 책들을 보면 괜스레 기분이 좋아지고, 도서관과 서점에서 넘쳐나는 책 냄새는 쿰쿰하면서도 묘한 향기가 감돌아 중독성이 있습니다. 그래서인지 도서관이나 서점 찾는 일이 나들이처럼 즐겁습니다.

손글씨 쓸 일이 별로 없는 시대에 200자 원고지를 아는 젊은이들 거의 없습니다. 저 또한 이 나이에도 종이 위에 손글씨로 글을 쓰려면 생각조차 떠오르지 않습니다. 요즘은 글쓰기, 글 만들기를 할 적에 종이 위가 아닌 컴퓨터를 사용하는 것에 능숙해져 있습니다. 그렇지만 이상하게도 읽을거리로는 여전히 종이신문, 종이책을 찾습니다. 그때그때 상식을 채우고 단편 지식 얻기에는 인터넷이 편리한데도, 저의 두뇌에는 종이신문, 종이책에 새긴 내용이 훨씬 깊이 각인되고 질서 정연히 논리적으로 기억되고 저장됩니다.

글쓰기는 IT 시대인이 되었으면서도 글 읽기, 정리하고 기억하기
는 아날로그 시대인으로 남아 있습니다.

'쓰기'는 시대 따라가고 '읽기'는 따라가지 못하는 두뇌 구조가
정상이 아닌 나는 혹시 '새 시대 IT 장애인'인가?

세계에서 제일 큰 서점 Powell's Books

아일랜드 트리니티 대학 구도
서관 원통꼴 롱 룸(Long Room)의
단칸방에 보관된 20여만 권의 고
서 냄새가 최고의 향기를 풍겨주
었습니다. 그곳에는 9세기에 제
작된 복음서 책의 서(The Book of
Kells)를 모시고 있습니다. 한 장
한 장 화려한 그림과 문양을 갖
춘 고서가 보물단지로 보존됩니다. 미국 포틀랜드에 세계 제일 큰
서점이 있다기에 한사코 그곳, 서점 Powell's Books를 찾아가 킁킁
대고 책 냄새를 맡기도 했습니다. 영풍문고, 교보문고에서 그나마
책 향기 맛보려 불쑥불쑥 기웃거렸는데, 영풍문고는 슬그머니 사라
지고 교보문고만 남았습니다.

서점에 구하는 책 없다고 투덜거리며 주문한 외국서적을 몇 달
만에 받아들고 뽐내던 그 시대는 떠나갔음에 서운할 것까지는 없습
니다. 발품 안 들이고 시간도 절약되는 전자도서는 강점도 많지만
거기에는 냄새가 없습니다. 아직은 종이, 종이책, 도서관, 서점이
남아있으니 그나마 다행입니다.

글쓰기도, 글 읽기에도 구시대인이 있고, 저처럼 글쓰기는 IT 시대인이면서도 글 읽기에는 아날로그 시대인이 있습니다. 시대를 따라잡지 못하는 새 시대 장애인은 시대가 바뀔 때마다 생겨나기 마련입니다. 새 시대의 장애인을 위하여 종이신문, 종이책, 도서관, 서점을 위한 블루오션 전략이, 자동이체, 세금납부, 온라인 주문, 은행 계좌관리, 각종 표 구입 등 'IT 장애인' 사각지대에 폭넓은 IT 복지정책이 나올 때가 된 듯합니다.

아침 5시입니다. 조간신문을 펴들고 구석구석 꼼꼼하게 눈을 굴려봅니다. 인터넷으로 본 것과는 편집도, 체계도 조금은 다른 종이신문이 좋습니다. 저는 이런 제 모습을 스스로 'IT 장애인', '새 시대 장애인'이라고 호칭하고 있습니다.

이 글을 쓴지 한 해가 넘은 오늘(2021년), 일본 요미우리신문 여론조사에서도 74%가 종이책이 읽기에도 좋고 책 내용도 기억에 더 잘 남는다고 응답하였다 하니, 제 스스로를 종이책, 종이신문 좋아하는 IT 시대 장애인이라고까지는 할 필요가 없을 것 같기도 합니다.

11

이집트, 샴 엘 세이크

    승객 244명 태우고 러시아 상트페테르부르크를 목적지로 이집트의 샴 엘 세이크를 출발한 비행기가 시나이 반도에 추락했다는 뉴스를 접했습니다. 소름 돋는 공포와 함께 가슴 가득한 통증이 밀려옵니다.

    불가사의한 고대 문명의 흔적을 찾는 설렘과 즐거움으로 유적지를 샅샅이 뒤적인 세 번째 이집트여행길에 현대의 이집트를 만나 피로를 씻었던 바로 그곳입니다.

    멋스러운 해변 풍광에 맑고 깔끔한 바다가 있어 유럽인, 특히 러시아인들이 또 다른 이집트를 즐기는 곳으로 이집트 최고의 휴양지라고 호텔 안내인이 자랑하며 말하던 모습이 떠오릅니다.

    바다의 유혹에 아침 일찍 몸 담그니 샴 엘 세이크 바다가 혼자만의 바다처럼 느껴지고 저는 한 조각의 물결이 되었습니다.

    형형색색 예쁜 어종들을 만날 수 있다고 하여 스노클링 장비 없는 안타까움을 수경으로 대체하고 겁도 없이 숨차게 고기들과 꼬리잡기하며 놀았습니다.

어린 딸과 손잡고 러시아에서 온 부부와 인사도 나누고 일생 일
대 최고 스릴과 바다 추억 쌓아 둔 곳, 샴 엘 세이크입니다.

샴 엘 세이크의 아름다운 풍광
마음 가득 피어나는 즐거웠던 기억이
지금 샴 엘 세이크의 바다 위로
거센 폭우 되어 쏟아져 내리고 있다

샴 엘 세이크

오! 파리 노트르담(Notre-Dame de Paris) 대성당이여!

 파리 노트르담 대성당 지붕 위로 불길이 솟았습니다. 두 손으로 눈을 가리고 '안 돼!'를 연발해봅니다. 손가락 사이로 흥건한 눈물이 흐릅니다. 대성당의 첨탑이 화마로 고꾸라지는 순간 비명을 질러버렸습니다. 검붉은 연기 속에 희미한 자취를 남기고 첨탑이 죽어갑니다. 입술을 악물고 재방송되는 TV 화면에 비치는 첨탑의 최후를 찍었습니다. 2001년 9월 11일 테러로 불길과 검은 연기에 휩싸여 무너지던, 미국 세계무역센터 쌍둥이 빌딩. 가슴 저미던 그 아픔 못지않게 몸을 가눌 수 없었습니다.

 노트르담 대성당! 천주교 신자도 아니면서 파리에 가면 제일 먼저 달려가 입국신고를 하고 귀국하기 전에는 출국신고를 하는 곳입니다. 정교한 조각들로 촘촘히 메워진 거대한 한 덩이 건축물, 그

뒤뜰에서 찍었던 불타기 전 노트르담 대성당 첨탑 모습

불타는 파리 노트르담 대성당 첨탑

위에 세워놓은 뾰족 첨탑이 유난히 제게 의미를 더해주는 대성당이
었습니다. 저는 늘상 첨탑이 잘 보이는 노트르담 뒤쪽 꽃밭을 서성
이기를 좋아했습니다. 그런데 거기서 찍었고, 또 우연히 찍히기도
했던 노트르담 뒷모습과 그 첨탑이 이제는 화재로 다시 볼 수 없게
될 줄을 누가 알았겠습니까? 아날로그 시대의 사진첩들, 디지털시
대의 컴퓨터에 저장된 사진들, 노트르담 안팎에서 찍은 숱한 사진
들이 다시 저를 울립니다. 현지 날짜로 2019년 4월 15일 화재로 첨
탑이 쓰러져 저를 울린 노트르담, 언제 어떤 모습으로 복구될까 노
심초사하며 세세하게도 찍어 놓은 많은 사진을 가슴에 담고 담아봅
니다. 생제르맹 바로 뒷길 야곱 거리 호텔 라 빌라에 짐 풀고서, 예
술의 다리(Pont des Arts)에서부터 복구된 첨탑을 바라보며 달려가
성전에 무릎 꿇고 입국신고를 할 그날이 기다려집니다.

'에라 모르겠다' 백신접종 하자

　전쟁과 질병, 지진과 쓰나미, 홍수와 화마, 테러와 건축물의 붕괴… 어제도 있었고 오늘도 있고 또 내일에도 있을 수 있는 인간과 자연이 만드는 인류의 대재앙들. 이 나이되기까지 폭격 소리, 함포 소리 가득한 전쟁의 공포심 속에서 피난살이하며 어린 눈물도 흘렸고 홍수로 떠내려가는 집채 위 살려달라고 외치는 사람도 보았고, 뉴욕 무역센터 쌍둥이 빌딩이 꺾어지는 테러 사건에 기절할 뻔 놀랐고, 1995년 6월 29일의 삼풍백화점 붕괴사건은 아직도 제 몸에 상처까지 남겼습니다.

　지금은 전 세계인을 덮치고 있는 COVID-19로 우리에 갇힌 동물 되어 인간의 일상을 잃어버리고 사는 중에, 겨우 뒤늦은 백신접종 예약 연락을 받고 반가움에 안도하는 마음은 잠시뿐 주사를 맞은 사람 중에 사망은 물론 각종 부작용 사례가 있다고 하니, 또 다른 공포심이 모락모락 피어납니다.

　맞아야 하나, 더 좋은 처방 나오기를 기다려 볼까, 마음이 하늘하늘, 가슴이 두근두근. 불현듯 그 먼 옛날 예방주사 맞던 날의 막내둥이 초등학교 일기장을 보며 요절복통했던 일이 떠올라서, 빛바랜 아이들의 일기장을 꺼내 보았습니다. 종일 찾고 찾아 오랜만에 큰 웃음 흘리며 읽고 나서, 저도 '에라 모르겠다' 주사 맞자, 주사 맞아야지! 작정해버렸습니다.

초등학교 4학년 초에 썼던 막내둥이 일기의 일부를 여기에 옮겨봅니다.

제목: 주사

들어서면 주삿바늘이 노려보고
돌아서면 엄마가 노려보고
에라 모르겠다 팔 걷으면
주삿바늘 내 팔 물어 따끔?
빼고 나면 후유~ 살았다 한숨 쉬지만
또 다른 무엇이 나를 괴롭혀
얼마 후 제3차 세계대전 일어났네요. 몸속 군인 주사군인
누가 이겼나?
며칠 간 싸우다가 끝끝내 이긴 우리 몸 속 군인 만만세!

14

디지털시대의 손글씨

방명록에 남긴 어느 젊은 정치인의 필체가 이슈화되고 있습니다. 예부터 필체마다 그 사람의 성격이 보인다고도 했습니다. 글씨 잘 쓴다고 큰 사람 되는 것 아니라고도 하는데, 필체를 두고 오늘도 이런저런 말이 풍성합니다. 국가적·공적 장소에 공인으로 남긴 필체이기에는 제가 보기에도 좀 민망하리만큼 그의 필체가 마음에 차지는 않습니다. 명필은 아니어도 힘 있고 신중하게, 똑 부러지고 반듯하게 침착한 글씨체를 남겼으면 더 좋았을 것입니다.

문득 이런 판단을 하는 저 자신의 필체가 궁금해집니다. 오랜만에 종이 위에 다양한 펜으로 글씨를 써봅니다. 졸필이던 필체가 더 졸필로 그려져 있습니다. 외국어도 끄적거려 보지만 더 엉망입니다. 아래 한글 컴퓨터가 도입되면서부터 컴퓨터를 애용하기 시작하였고 디지털시대의 글씨체를 골라 써 온 지도 수십 년이 지났습니다. 어쩌다 사소한 공적 공간에 필체를 남겨야 할 날이면 손글씨를 미리 연습해 보던 일이 저를 미소 짓게 합니다.

다 큰 손자들에게서 간혹 맞춤법이 틀린 생일카드를 받아 본 적도 있습니다. 또 자리를 비운 사이 들렀다가 방문 앞에 붙여놓고 간 메모지에 필체는 두말할 것 없고 존댓말과 반말이 뒤죽박죽인 것도 있었습니다. 야단도 치고 가르치기도 하지만 그래도 제가 그들에게서 배울 것이 더 많습니다. 며칠 전 '디지털시대에 손해 보는 노인들'이라는 기사가 떴습니다. 노인이 된 저는 시대에 뒤질세라 틈틈이 후손들에게서 여러 가지 가르침을 받아봅니다. 그들이 저에게서 배울 것이 넷이라면 제가 배울 것은 여섯쯤 됩니다. 제가 아는 넷을 가지고 우쭐대는 건 스스로를 꼰대로 만들 뿐입니다.

컴퓨터를 제쳐놓고 이 글을 종이 위에 손글씨로 작성해 보기로 했습니다. 문장 하나를 만들고 다음 문장을 이어가려니 생각이 막히고 도무지 앞으로 나아가지를 못하겠습니다. 필체 문제가 아니라 착상 자체가 떠오르지 않는 게 문제입니다. 손글씨 쓰기를 멈추고 다시 컴퓨터 앞에 앉았습니다. 생각이 술술 튀어나오고 문장이 슬슬 이어집니다.

어차피 소시민인 저의 필체가 박물관에 보관될 일은 없을 터이고 필체는 아날로그 시대의 값진 유물로 저의 후손들에게 남겨지면 족하다고 생각합니다. 세종대왕께서 만드신 한글이 컴퓨터를 통하여 입맛대로 맘에 드는 글씨체를 찍어주는 세상인데, 구태여 이러쿵저러쿵 필체를 따지면서 트집 잡고 싸우는 일에 세월을 너무 쓰고 있는 세상이 한심하게 느껴집니다.

필체에 관한 글을 쓰다 보니, 둘째 초등학교 4학년 때 일기가 기억나서 여기에 옮겨봅니다.

제목: 변덕쟁이 글씨체

명언: 독서는 벗을 만들고, 교육은 신사를 만들고, 반성은 완전한
　　　사람을 만든다. - 로크-

(매일 일기마다 명언 하나씩을 써 놓았기에 그대로 옮겼습니다.)

나는 오늘 나의 글씨체를 생각해 보았더니 정말 나처럼 글씨체가 잘 바뀌는 아이는 아마 없겠다. 이것 썼다, 저것 썼다, 요걸 썼다… 등 나의 글씨체는 무척 바뀌고 발전하였다. 그러나 어쩌면 바뀐 것이 나에게는 더 잘된 것인지도 모른다. 왜냐면 이 바뀐 것이 나의 글씨체에 특징을 주었는지도 모른다. 아니 그렇다.

　내가 왜 이렇게 생각을 했냐면 옛날 일기장을 들춰보는데 너무나도 글씨체가 많이 바뀌었고, 옛날 공책에도 그것이 뚜렷이 나타났다. 그뿐만 아니라 우리 언니도 나 보고 "너는 글씨가 자주 바뀌는구나"라고 할 정도다. 그래서 자주 안 바꾸려고도 노력을 하는데 잘 안 되어서 나는 그 이유를 생각해 보니 다음과 같았다.

　1. 다른 아이의 글씨체가 좋다고 생각될 때

　2. 나의 글씨체가 미워졌을 때

　3. 다른 아이 것과 비교했을 때 내 글씨가 더 못 쓴 경우 등이다.

정말 나의 글씨체는 변덕쟁이다.

15

밀라노 대성당의 공허한 노랫가락

과하다고 할 만큼 정교하고 화려한 밀라노 대성당이
웅대하고 고고한 모습을 흩트리며 울고 있다
대성당 광장에 눈물의 강이 흐르고 있다

안드레아 보첼리가 적막한 대성당 안에서 생명의 탄생과 부활을
찬양하며 절절한 마음을 담아 노래 부르고 있습니다. 감긴 눈을 애
써 뜨고 다시 감으며, 때로는 주먹도 쥐었다 폈다 하면서 그 드넓
은 성당에 홀로 서서 성모 마리아를 찾습니다. 살짝 열린 오른쪽
눈에 물방울이 비칩니다. '피에타'에서 보여준 그 표정을 지은 성모
마리아가 다가와 그 앞에 서 있는 것 같습니다.

COVID-19로 사람 그림자조차 없는 대성당 광장 앞으로
그가 홀로 단아하게 걸어 나온다
그의 뒷머리가 바람에 살짝 날리고 있다

감긴 눈으로 하늘을 향해 지구를 위해, 청아하고 단호한 목소리
로 부르는 노래, 'Amazing Grace'가 울려 퍼집니다. 대성당 가장

밀라노 대성당

높은 첨탑에 서 있는 성모(Madonnina)가 바람을 타고 내려와 그의
눈을 어루만져 주면 그가 이탈리아, 그리고 세계를 보며 노래합니
다. COVID-19 감염에서 훌훌 털고 일어선 그가 밀라노 대성당 안
팎에서 고통받는 세상 만민을 위로하며 희망을 주려고 '희망을 위한
음악(Music for Hope)'을 노래합니다. 관객 없는 라이브 콘서트가 인
류가 함께 어우러져 울고 웃는 콘서트로 되어 밀라노 대성당을 통
곡하게 합니다.

'Was blind, but now I see'
보이는 눈을 가진 내가 보지 못하는 세계를 그는 보고 있다
나는 그를 위해, 또 나를 위해 눈물을 흘리고 있다
밀라노 대성당이 통곡하고 있다

16

국군에게 보내는 위문편지

국군에게 보낸 어느 고교생의 위문편지가 이슈화되고 있습니다.

문득 어릴 적 '일선에 계신 국군아저씨께'를 시작으로 썼던 위문편지의 내용들이 떠오릅니다. 간략한 인사말과 자기소개 — 나라를 지켜주시느라 수고하심에 대한 감사의 말 — 덕분에 평안히 공부 잘하고 있다는 덕담 — 국군 아저씨의 수고에 보답하기 위해 장차 국가를 위해 유익한 사람이 되겠다는 각오 — 기타 학교 또는 집안에서 일어나는 재미있는 일상적 이야기 — 안녕 ⋯ 이런 식의 식상한 내용이지만 초등학교 신입생 시절을 6.25로 날려버리고 전쟁의 공포와 고통을 체험한 세대였기 때문에, 위문편지를 진심으로, 정성스럽게 썼던 기억이 납니다.

그로부터 세월이 많이도 흘렀습니다. 5년 전에 첫째 손자가 군에 입대하여 훈련병으로 있을 때 보낸 위문편지를 컴퓨터에서 꺼내어 읽어봅니다. 이 시대에, 할머니로서 국군에게 보낸 위문편지입니다.

사랑하는 손자에게, 훈련병!

입대한지 두 번째 맞는 주일이구나.

할멈 아니라도 네게 보낸 위문편지 많더라. 그 위문편지들을 통해 특히 네게 여자 친구가 있다는 것 등을 알았다만, 여기서는 노코멘트. 언제나 할멈은 강조했다. 특히 군인 가기 전, 잠시 일본의 북해도 여행 갔을 때도, '네가 가고 싶은 길을 가라, 네가 좋아하는 친구면 할멈도 좋다'라고 했다만, 할멈의 말 속내에는 반드시 그 전제가 있음을 영특한 너는 알 것이야. 이하 생략이다.

어제 이모부 생일에 벌어진 폭소−실소− 사건이다.

기숙사에서 민이가 자기 아빠에게 전화해서 생일 축하한다고 했다고. 여기까지는 좋았어. 아빠가 너무 노티 나는 신발만 신어서 자기가 생일 선물로 신발을 주문했다고, 이건 더 함박웃음 띌 기특한 말. 그런데 자기 카드에 돈이 모자라서 나중에 자기가 현금 드릴 테니 아빠 카드로 긁으라고, 이 대목부터는 네 이모부 다소 표정이 어두워지겠지. 또, 이어서 엄마 것도 함께 주문했다고, 좀 더 어두워지겠지? 나아가 주문하는 김에 자기 모자도 주문했다고, 이건 너무 심하지? 이렇게 결국 민이답게 웃기는 일이 온 집안에 뉴스가 되었다는 소식 전한다. ㅎㅎ

군인은 국가를 위해, 할멈은 안팎의 일 때문에, 각자의 업무(?)에 충실해야 한다. 우리 각자의 일과에 충실하자. ㅋㅋ

2017. 9. 24. 할멈으로부터

사랑하는 손자에게,

생일 케이크를 들고 있는 네 모습 보려고 며칠 동안 몇 차례 ○○ 사단에 들어갔는데, 안 보이네? 사진 찍기 전에 케이크 다 먹어서? 아니면 긴장해서 케이크 떨어뜨려서? 또 아니면? 이러저러해서 사진 찍을 수 없었나? 잘 있겠지? 궁금증이 증폭하누나.

웃기는 소식 하나, 이번에 고연전에서 고대가 연대에게 0:5로 전 종목에서 패하자 연대생들이 고대빵을 '고오대빵'이라고 명명하였다나. 2014년에 연대가 5:0으로 패하자 고대가 2015년도에 '오대빵'이란 빵을 만들어 판매하게 된 것에 대한 복수라고. 그 빵은 현재도 판매중이라고, 1500원이라나.

연대 측에서 굳이 빵 명칭을 바꿀 것도 없네. 전 종목에서 고대가 이긴 경우든, 아니면 연대가 이겼든, '오대빵'은 어느 편에게도 다 적용(?)될 수 있는 빵 이름이 아니냐? 그렇다면 고대빵 명칭인 '오대빵'의 판정승!!

고려대 오대빵

일찌감치 고대가 선견지명이 있어서 빵 이름을 하나 맛있게, 멋있게 부쳤구먼.

－우리 가족 중에는 양 대학 출신 없으니 공정한 판정이다. － ^^

감사하며 오늘 하루를 시작하자. 감사하며 오늘 하루를 마무리하자.

2017. 9. 28. 아침에, 할멈이다.

***

　사랑하는 손자에게,

　각개전투 사진을 보았다. 아무리 봐도 네가 보이지 않았다. 그러나 모두 사랑하는 나의 손자처럼 보여 눈물이 찔끔찔끔… 이제 모두 훈련병 아닌 전투병 티가 나더라. 6.25를 겪고 1.4후퇴의 기억이 생생한 할멈의 세대는 '전쟁'의 참담함을, '평화'의 소중함을 뼈저리게 느낀다. '전쟁과 평화' – 인간은 동물도 천사도 아닌 인간이어서 전쟁을 하면서도 평화를 갈구하는가?

　군인은 국가를 지키고 국민을 지켜준다. 할멈은 그 군인들을 존경하고 사랑한다. 고로 평소에도 군인은 최대한 우대되어 마땅하다고 주장한다. 각설하자.

　설악산엔 단풍이 절정이라네. 집 부근에도, 서울 시내 곳곳에도 가을이 물들어가고 있다. 훈련병들이 군인으로 물들어 가고 있겠네. ○○사단이 있는 그곳이 훈련병들의 정식 군인화(軍人化)로 울긋불긋 물들어 가고 있겠네. 10월 27일부터는 흩어질 전우들에게 미리 미리 인사하고 석별의 정을 나누거라. 일생 잊지 못할 훈련병 시절의 만남이었고 특별한 기억으로 남을 인연이니까.

　손자, 지금은 꿀잠 자고 있겠지?

2017. 10. 19. 할멈

세월

일 년이 하루 같고
하루가 일 년같이
세월이 지난다

백 번 겪은 일이면서도
처음 겪는 일처럼
세월이 속인다

바보같이 살았다 하면서도
바보 같은 삶을 반복하며
세월을 한탄한다

죽고 싶다 말하지만
살려고 바둥거리며
세월을 보낸다

세월은 어제를 남긴다
오늘은 오늘이다
내일은 아직 세월이 아니다

어제를 기록하며
오늘을 살아가고
내일을 꿈꾸며
세월을 살아간다

세월이 그려내는 이야기가
어제와 오늘 그리고 내일을
한 세월로 이어가고 있다

18

곤지암 화담(和談)숲에서 보내는 편지

곤지암 화담숲 모노레일

사랑하는 훈, 승, 민에게!

어느 사이 너희들이 군입대를 하고, 또는 국내외로 각기 흩어져 너희 길을 가느라고 함께 조상님의 묘소를 찾는 일이 어려운 세월로 들어섰구나.

알다시피 우리 직계가족은 열 손가락으로 꼽을 만큼 단출하지만 너희들 갓난쟁이 때부터 지금에 이르도록 가족공동체로 항시 가까이서 희로애락을 함께 나누고 오순도순 정겹게 지내왔음을 감사한다.

2021년 추석을 앞두고 오붓하게 선대의 묘소를 돌아보고 왔다. 우리 가정은 교회에 다니고 하나님을 믿는 집안으로 제사, 차례를 지내지 않지만 한 해에 몇 차례씩 산소를 찾는다. 믿는 분들 중에는 영이 떠난 육신의 묘소가 무슨 의미가 있느냐고 할 수도 있겠다. 그러나 하나님이 우리를 이 세상에 태어나게 하신 육신의 부모들이 계셨고, 우리는 대대로 그 부모님들과 의식주를 함께 하며 그 손에서 사랑으로 성장하였다.

　'사람'이라면 누구에게나 그 부모님을 그리워하는 마음, 그 부모님께 감사하는 마음이 있고, 부모님 이상으로 자녀들을 사랑하고 양육하여 후대를 훌륭하게 이어가고 싶은 본능이 있다. 조상님의 묘소는, 선대의 사랑과 은혜에 감사하고 가족사를 돌이키며 선대와 후대를 이어주고 소통시키면서 나를 돌아보는 곳이다. 서로 사랑하며, 바르게, 열심히 살아온 우리 가족사에 자긍심을 갖게 하며 나도 후대에게 더 큰 자존감을 심어주려는 각오를 굳히는 곳, 가족 유적지라고 부르고 싶다.

　그러므로 우리 가족은 한식과 추석에는 물론 신년 초에는 새해의 각오를 다짐하며 한 해가 저물 때는 무사히 한 해를 보냈음에 감사하며, 큰 기쁨과 슬픔이 있을 때 등에는 가족 유적지 앞에서 경건한 마음으로 가족사를 회고하고 우리 스스로를 돌아보며 내일을 설계하고 우리를 보내신 하나님께 회개의 기도, 감사기도, 간구기도로 마감한다. 우리 가족에게 영을 주신 이는 하나님이시기 때문이다.

　오늘, 커다란 노란색 소국 화분을 묘소 앞에 하나씩 놓고 허전하게 돌아서는데 내 마음을 헤아린 후손 한 명이 곤지암 방향으로 가족을 안내하였다. 동굴식당에서 늦은 점심 맛있게 먹고 '화담(和談)

244

숲'으로 이끌리어 모노레일 타고 올라가 2시간 동안 숲길을 걸었다.

마스크를 뚫고 스며드는 소나무 향을 호흡하며 아파트 단지에서는 이미 사라진 매미 소리도 들었다. 각종 새소리가 숲속을 날고 오랜만에 꽃 찾아다니는 검은색 나비, 호랑나비도 보았다. 아주 귀엽고 조그만 다람쥐도 있고, 수목 사이사이로 어렸을 적 보던 야생화들도 있었다. 아담한 야외 수족관에 예전 우리 집에서 키우던 것보다는 큰 토종 거북이, 남생이가 살고 있었다. 추억의 동산에서는 봉숭아꽃, 빨갛게 익은 꽈리들도 보았고 뻥 튀기는 기계 소리에 귀를 막은 아이들 모습, 원두막에서 수박 먹는 모습 등 너희들은 경험하지 못한 우리 세대의 옛 추억을 소환해 보기도 했다. 남산 힐튼 호텔에서 너희들이 먹이 주기를 좋아하던 크고 작은 여러 색의 잉어들도 많이 있더구나. 아! 참! 그 힐튼 호텔이 사라지고 오피스 건물로 된다고 한다. 그곳에서 돌잔치 하던 게 엊그제 같은데 시대가, 세월이, 이렇게 있던 것이 없어지고 새것을 창출하는구나.

여기에는 스키장도 있고 깔끔한 리조트도 있어서 너희들이 곁에 있으면 겨울에 스키도 타고 함께 쉬고 싶은 곳인데… 흘러가는 물 같이 세월이 흐르니, 곁에서 쫄쫄 붙어 다니던 손자들이 이제 독립적 주체로 성장하여 우리 곁을 떨어져 가누나. 처음 본 화담숲은 힐링이 되면서도 이런저런 많은 것을 깊이 생각하게 했다.

추억의 동산

사랑하는 훈, 승, 민아!

몇 주 전에 누군가가 자기 맘에 들지 않는 소견을 펼친 100세 넘으신 어른을 향하여 고대 로마 귀족 남성들은 70대 중반 가량에 이르러 공동체에 보탬이 안 된다고 생각하면, 스스로 곡기를 끊었었다는 옛말이 생각난다고 하면서 요즈음 나이로 치면 그 나이가 80세 정도일 것이라 지적하였다. 마치 사람 나이가 80이 되면 여러 가지로 위험해지니 곡기를 끊고 갈 생각을 하라는 듯한 뉘앙스의 글을 썼다고 한다. 그리고는 그 어르신 보고 '정신이 멀쩡할 때', '안 하던 짓'을 '정신 탁해진 후'에 하니 안타깝다는 그런 표현을 했다. 지금도 내 심장이 펄떡이고 몸에 소름까지 돋는단다.

그 어르신은 현재 102세 되시는 저명한 노학자(老學者)이시다. 고(故)김태길, 고(故)안병욱 교수님과 함께 존경받는 우리나라의 철학자이시다. 내가 꼰대가 되어서인지, '라떼는 말이야' 세대여서인지 몰라도 청년기에 그분들의 강의를 즐겨 듣던 나는 지금까지도 그분들의 강의를 그리워하고 그분들을 존경한다. 그 노교수님은 과거에도, 지금도 조용히 본인의 소견을 펼치시는 학자이시다. 여전히 정정하셔서 원고 청탁을 받으시고 특강에 초빙되는 인기 강사이시다. 그런데 감히 그 교수님께, 그뿐만 아니라 80세 내외가 넘은 노년 인생들을 향하여, 읽기에 따라서는 자살을 교사(敎唆)하는 것으로도 느낄 만한 글을 쓰고, 또 감히 '안 하던 짓'이라는 표현을 쓰다니…

그 글을 쓴 분의 연령대와 같은 자녀를 두었고 그 아래로 일찌감치 독립 주체가 되어가는 너희 손자들을 둔 나도 멀지 않아 위험한 나이, 안 하던 짓을 할 수 있는 나이가 되어 가는데 이제 곡기를 끊고 가야 할 마음의 준비를 해야 한다? 솔직히 상상할 수 없는 큰 충격을 받았단다.

법은 최소한의 도덕이라고도 한다. '사람'의 사회생활을 규제하는 법 이전에 '사람'은 도덕, 윤리에 의한 규제를 받는 다는 점에서 '사람'다움이 있다.

아니면 말고 식의 근거 없는 말들을 던지고 거친 말과 함부로 행동이 난무하는 이 시대를 한탄한다. 너희들은 특히 언행부터 조심하고 가다듬거라. 그리고 서로 사랑하고, 바르게, 열심히 살자는 가훈을 명심하거라. 너희들도 곧 어른이 되고 자녀를 양육하게 될 것이다. 우리 가족사의 어른으로서의 자세를 잃지 않고 자녀들을 훈육하여 대를 이어가거라. 어떠한 여건에서도 언행을 절제하며 우리 가정에서 익힌 대로의 언행이 몸에 밴, 품격 있는 후손들이 되기를 한 번 더 강조한다.

성못길에 함께 하지 못한 나의 손자들에게 화담숲을 거닐며 떠오르는 단상들을 이 글을 통해 전하려 합니다.

소나무숲

'노인의 날'에 노인이 바라는 것은

-2021년 10월 2일에-

10월 2일은 '노인의 날'이라고 합니다. '아프니까 청춘이다'라는 책 제목 탓인지 온통 청춘에만 초점을 맞추는 듯한 세태를 보며 노인의 날이 있는지 없는지도 모르게 살아왔던 노인이 된 노인네가 '나의 일생'을 등에 짊어지고 하루씩을 떠나보내며 이렇게 읊어댑니다.

노인에게도 청춘은 있었습니다. 그러나 아픈 줄도 모르고 청춘을 보냈답니다. 청춘만 아픈 게 아닙니다. 생애주기에 따라 인생길 고비마다 아픔이 있기 마련입니다.

어린 시절은 철없이 그저 웃고 울면서 지나가고 청춘은 때로는 아픔도 있을 테지만 뜨거운 화력을 발하는 아름다운 계절이며 중장년기는 생의 기반을 위해 허덕거리는 고단함 가운데서 여물어가는 세월이고 노인이 된 노년기는 나이 탓인지 고통에도, 행복감에도 무딘 하루를 보냅니다.

국민으로서의 노인은, 격동치는 대한민국 역사 속에서 오늘에 이르는 역사를 창출했고 가족으로서의 노인은, 후손을 낳아 국민들을 키워냈습니다. 노인네의 삶의 여정에서 공·사간에 잘잘못이 있었

248

다면, 잘한 점들은 그 수고를 인정해 주고 잘못된 것들은 용서해 주며 여러분의 인생살이에 반면교사로 삼아주기 바랍니다.

인생길 위의 여정에는 때로 아픔도 있지만 나름대로 즐거움도, 아름다움도 있답니다. 노년기를 맞은 인생이 되돌아보는 지난 세월은 아픈 일도, 즐거웠던 일도 모두 한 타래의 실로 엮어진 한 세월이어서, 노인은 그저 아름다운 눈으로, 선한 마음으로, 감사하는 영으로 묵묵히 종착역을 향해 걷고 있답니다.

"부디 이 시기가 경제적으로 대한민국 최고의 전성기가 아니기를 염원하며 너무 살벌하게 서로를 비난하는, 특히 아니면 말고, 또는 내로남불식의 아픔을 주는 언행을 삼가고 격렬하게 투쟁을 일삼는 사회를 만들어 가지 않기를 바랍니다. 부디 후대를 더욱 인성과 지성의 덕목을 갖춘 '사람'으로 키워주기를 소망합니다."

언어 생활을 위한 기도

피터 마샬(1902-1949 미국의 목사)

오 주님, 제 혀에 제갈을 먹이소서.
독기 어린 비판과 잔인한 판단을 하려 할 때,
갈고리 같은 말로 다른 사람에게 상처주고
그것을 보고 통쾌해 하는 못된 심성으로부터
저를 지키소서.

불친절한 말로부터 그리고
불친절한 침묵으로부터 저를 지키소서.

판단하는 일을 자제하게 하소서.
저의 비판이 친절하고 너그럽고
건설적인 말이 되게 하소서.
부드러운 내면을 허락하시어
다른 사람과도 평화로이 지내며
말할 때나 행동할 때나 부드럽게 하소서.

제 안에 따뜻한 자비의 마음을 주시어
약함을 이길 수 있는 주님의 힘을,
분쟁을 극복할 수 있는 주님의 평화를,
슬픔을 이길 수 있는 주님의 기쁨을,
증오를 물리칠 수 있는 주님의 사랑을,
그리고 약함을 치유할 수 있는 주님의 관심을
다른 사람들에게 보여줄 수 있게 하소서.

노인이 된 노인네가 후대에게 바라는 것은 이것뿐입니다. 노인의 날이 젊은이들에게 꼰대의 이런 바람을 마음 놓고 펴낼 수 있도록 만든 날이라면 그것으로 족합니다. 그것만으로도 고맙습니다.

20

후손과 함께하는 단풍놀이

9월 9일, 성묘 후 들른 화담숲이 그리워 그달 25일에 1박을 하며 화담숲을 다시 찾아 푸르른 숲과 국화향을 즐겼습니다. 그때, 단풍나무가 널려있는 곳이라 단풍철에 또다시 가고 싶다고 했더니 11월 1일 아침 7시 30분 정각에 직계가족 세 가구가 단풍놀이 길을 나서게 되었습니다.

지난밤 천둥 번개를 동반한 비 때문에 단풍잎이 낙엽 되어 많이 스러졌으면 어쩌나 하는 조바심을 안고 들어선 화담숲은 빨강, 노랑, 엷은 흑갈색 등이 푸르름을 덮은 거대하고 눈부시게 화려한 풍경화를 연출하고 있습니다. 오르는 길은 모노레일을 탔고 내리막길은 걸어 내려왔던 지난날과는 달리 왕복 걷기를 제안하였더니, 흥겨워하면서도 후손들은 다소 염려스러운 표정을 어미에게 보내며 앞뒤를 호위합니다.

간밤의 내린 비로 선명도를 더해 주는 단풍들이 간만의 단풍놀이에 감동을 더해 주고, 간당간당 맺혀있는 물방울들은 대롱대롱 은구슬이 되어 달려있습니다. 이끼 숲에 앉아 있는 낙엽들이 이끼들과 묘한 조화를 이루고 있고 숲 사이사이로 드러나는 붉은색과 노란색 단풍들이 벌써 저의 눈을 홀리면서 티눈으로 고생하는 발바닥을 치유해주기 시작합니다. COVID-19 때문에 허공에 뜬 창으로 인근 아파트 단지의 단풍 물든 숲이나 내려다보며 옛적 단풍놀이 사진들을 뒤적이던 날들을 잠시 날려 보내고, 드디어 오늘 화담숲에서 그 옛날 단풍놀이를 재현하며 색다른 단상에 잠기고 있습니다.

진한 빨강으로 물든 예쁜 단풍나무 한 그루 앞에 발걸음이 딱 멈춰졌습니다. 황홀함에 전율이 오더니 순간적으로 안쓰러움과 적막감, 서글픔까지 스쳐갑니다. 거의 찰나적으로 교차하는 이 기묘한 감정들의 조합은 어디에서 오는 것일까? 호위병처럼 어느 틈에 곁으로 다가선 가족들에게 흐느끼듯 중얼거려봅니다.

단풍

'예전에는 예쁜 꽃들을 보면 아름다움에 탄성을 뱉어냈고, 화사한 단풍놀이 길에서도 즐거운 감탄사가 자동으로 연발되었는데, 오늘 이 기묘한 감성은 내 나이 탓인가? 지금 나는 문득 핏빛 어린 단풍의 모습을 보며 슬픔이 목에 차오르니, 나이는 숫자에 불과하다는 자기 속임수를 버리고, 아마도 사라져 갈 내 인생이 전망되기 때문인가보다'

제 후손답게, 첫째가 나서서 역시 저와 같은 톤의 직언으로 위로를 건넵니다. "나뭇잎은 떨어져도 나무는 남아 있잖아요" 그렇지! 낙엽을 떨구며 나무는 여전히 숲을 이루고 산을 만들며 살아가고 있습니다. 쉰 고개를 바라보는 제 나무들을 보는 가슴에 뿌듯함과 행복감이 넘칩니다. 단풍을 보는 어느 시인의 표현에는 동의할 수 없습니다. 나무가 단풍 든 잎새를 버리는 것이 아니라, 나무가 입은 옷이 무거워져서 단풍잎을 벗어버리는 것이 아니라, 이파리들은 해마다 단풍이 되며 나무를 키우고, 더 높이 더 우람차고 단단한 나무를 만들기 위해 단풍꽃으로 피어나고 있다고 반론하고 싶습니다.

버림받는 것이 아니라, 사라지는 것이 아니라
이파리들은 주어진 소임을 다하며 한해살이를 마감하고서
아쉬운 감정을 이리도 당당히 빨갛게
또는 노오랗게 몸치장으로 대체하고 있다

단풍 든 자작나무

자작나무 숲에 이르니 연약하게 보이던 여름날의 자작나무들은 하늘 가득 노오란 물결을 찰랑거리며 오히려 성숙함을 보여줬습니다. 마스크 안까지 솔내음을 솔솔 풍겨주는 소나무 숲은 적홍색 단풍나무 있음에 한결 더욱 그 푸르름을 빛내고 있습니다. 단풍철에 피어난 한 송이 철쭉꽃을 보았습니다. 눈 맞으며 피어난 개나리를 '미친 개나리'라고 놀리던 학창시절이 되살아납니다.

수족관 남생이도 여전히 꿈쩍 않고 있고, 어린아이들에게는 마냥 낯선 물레방아도 여전히 돌고 돌며 고단한 하루를 보내고 있습니다. 추억의 숲에서 보는 상모돌리기, 말뚝박기, 윷놀이 등의 전통 놀이 모습은 장차 '오징어 게임' 2편에 등장해도 좋겠다는 아이디어를 떠오르게 합니다. 3시간 넘도록 즐기는 단풍놀이는 점심 식사에 한결 맛을 얹어주었습니다.

오후 3시에 집에 도착하여, 책상에 앉아 오늘의 화담숲을 메모하려는데 가족밴드 앱에 벌써 사진이 날아들고 있습니다. 정신없이 셔터를 누르던 저의 사진 솜씨가 민망할 정도로 라이카 카메라보다 더 색상도 선명하게 잘 찍고, 잘 찍힌 핸드폰 사진들이 밴드 게시판 앨범에 장착됩니다.

과연 여러모로 저보다 훨씬 나은 후손들이 있음에 가을의 소소한 외로움이 사라지고, 화담숲에서 내일을 향한 에너지를 충전하며 오늘을 보냈습니다. 뒤늦게 알게 된 화담숲 탐방에 빠져서, 또다시 염치없이 꽃동산이 되어 저를 기다릴 봄날의 화담숲을 보아야겠다고 즉각 댓글을 보내봅니다.

"내가 죽은 뒤라도 '그 사람이 이 숲만큼은
참 잘 만들었구나'하는 말을 듣고 싶습니다"

이렇게 화담숲을 조성한 분의 마음을 읽으며 오늘도 후손들과 마음을 터놓고 이런저런 정담을 나누는 추억을 쌓았습니다. 기나긴 COVID-19의 터널에서 단계적 일상회복 전환을 위한 거리두기 조정이 시행된 11월 1일입니다. 2021년 이 가을에 유난히 귀하고 아름다운 단풍을 만난 것이 틀림없습니다.

21

내가 나에게 주는 생일축하 카드

생일 기리는 날
까만 새벽녘에
동거인으로 함께한 내 안의 동행자를 위해
생일카드를 메울 빈 글자들을 찾는다

어쩌다 연으로 맺어진 인생길에
화사한 꽃들 피는 날 많아도 꽃잎 흩날리는 날 오기 마련이었고
때로 노란 하늘 아래 멍든 마음 되어
허물어진 나를 리모델링하기에 분주했다

길고도 짧은 짧고도 긴 함께 한 세월에
핵폭탄 터지는 날이 한두 번 아니었어도
눈물 가린 웃음 가면을 쓴 피에로 되어
행여 또 무너질까 버티면서 낮과 밤을 지새웠다

여정을 마치려는 이즈음 되어서야
나를 향한 숱한 애증의 상념 지우고 날리며

'I hope you know how much I love you'라고
적혀 있는 카드를 골라서
내 사인을 한 생일 축하카드를 내게 건넨다
두 손 모으고 내게 축복 Song도 불러준다

당신은 사랑받기 위해 태어난 사람
당신의 삶 속에서 그 사랑받고 있지요
당신은 사랑 받기 위해 태어난 사람
당신의 삶 속에서 그 사랑받고 있지요
태초부터 시작된 하나님의 사랑은
우리의 만남을 통해 열매를 맺고
당신이 이 세상에 존재함으로 인해
우리에게 얼마나 큰 기쁨이 되는지
당신은 사랑받기 위해 태어난 사람
지금도 그 사랑받고 있지요
당신은 사랑받기 위해 태어난 사람
지금도 그 사랑받고 있지요

감나무에 걸린 맛있는 추억

　초등학교 시절의 가을 풍경화 주제는 감나무를 탐하던 어린 마음을 위해 아빠가 사주신 감나무 밭, 둥그스름하게 잘생긴 높다란 감나무 두 그루에 빨간 감들이 주렁주렁 달린 내 사랑 감나무들이었습니다.

　감꽃 피는 봄부터 콩알만 한 파란 감이 맺히고 커지기까지 그리고 감들이 조금씩 주황빛을 띠며 익어가기까지 그 오랜 시간을 감나무와 감들을 지켜보느라 감나무 밭에서 뛰놀고 숙제도 하고 그림도 그렸습니다.

　감과 더불어 가을이 무르익어 가고 감나무 아래 누릇하고 불그스름한 감나무 잎사귀가 널려져 가도, 빨간 동그라미들이 가득 달린 감나무 보는 것만도 즐거워서 저는 감 따기를 한사코 거부했습니다. 급기야 홍시가 되어 땅바닥에 떨어지는 처참한 감들의 모습에, 그제야 감 따기를 허락하면 망태를 메고 장대를 든 아저씨가 감 따러 감나무에 오르고, 일차로 감이 주렁주렁 매달린 큰 가지 하나를 아래로 내려보냈습니다. 그 감나무 가지를 보물단지처럼 안아 들고 책상 벽면 위 대못을 박은 걸이에 걸쳐 놓고는, 감들이 쭈그렁이가 될 때까지도 감 가지를 쳐다보며, 그림 그리기를 계속해도 미술 점

수는 '수' 받기가 쉽지 않았습니다. 내 사
랑 감나무에서 따는 감은 떫어서 먹을 수
없는 땡감이었습니다. 그래도 크고 흠 없
고 잘 익은 놈들을 골라서 나무 궤짝에
한 줄씩 넣고 누런 소나무 잎을 켜켜이
깔고 덮어 광으로 가져가면 달 반 넘어서

감나무

홍시가 되어 나옵니다.

감나무 가지들이 눈 폭탄으로 부러지기도 하는 추운 겨울날, 이
가 시리도록 차가우면서도 꿀맛 나는 홍시를 꺼내 먹을 때면 감에
대한 사랑은 '보는 사랑'에서 '먹는 사랑'이 되어 더욱 깊어가고, 나
는 눈 덮인 감나무밭 눈사람이 되어 다시 가을 오기를 기다리고 있
었습니다. 홍시 만들 감을 골라내고, 나머지 땡감들은 조그만 항아
리에 담아 바닷물을 붓고 아랫목에 조각보 이불에 씌워서, 따뜻하
게 많은 날을 보내면 떫은맛은 사라지는 삭힌 감이 되는데 들큰한
삭힌 감은 제 입맛에는 들지 않아 동네 친구들에게 인심을 뿌리는
감이 되었습니다.

내 사랑 감나무의 나머지 그 많은 땡감은 나무에 매달린 채 초겨
울까지도 풍경화의 대상이 되다가, 주로 까치나 새들의 식자재가
되어 버리고, 내 사랑 감나무는 벌거벗은 채로 겨울을 지냅니다. 감
을 열 개씩 꼬치에 꿰어 바짝 말린 곶감이, 밤과 함께 주로 강릉에
서 오고 곶감은 밤, 국광 사과와 더불어 제가 즐기는 겨울 간식거
리가 되었습니다. 훗날 '곶감 꼬치에서 곶감 빼먹듯'이라는 말을 쉽
게 알아차릴 수 있을 만큼, 매일 새벽녘 제 방안에는 어느 틈에 곶
감 씨가 수북하게 쌓였습니다.

이렇듯 어린 시절의 '감'에는 땡감과 홍시, 삭힌 감과 곶감이 있을 뿐이었는데 단감이 감으로 등장한 것은 제가 성년에 이른 이후입니다. 경상도 창원에서 온 감은 감나무에서 따서 바로 먹을 수 있는 감, 단감이라 하였고, 당시는 거의 일본으로 수출만 한다는 신기한 감, 귀한 감이었습니다. 가을마다 떠오르는 추억의 감 시리즈는 이렇게 내 사랑 감나무, 감밭을 시작으로 땡감, 홍시, 삭힌 감, 곶감, 단감으로 매듭지어집니다. 내 인생에서 눈으로 즐기고 맛으로 행복감 주던 한편의 다큐멘터리로 남아 있습니다.

이번 설에는 후배로부터 유난히 큰 왕 곶감, 씨 없고 둥글납작하게 위생적으로 만들어진 아주 달고 말랑말랑한 곶감 선물이 왔습니다. 왕 곶감을 시식하고 곶감 맛에 감탄하며 쉰 고개를 바라보는 자녀들과 군입대를 코앞에 둔 손자에게 열정적으로 곶감을 건네도 그들 표정은 시큰둥합니다. 세대 차이인가, 선호도 차이인가 조사 분석해 보니 그들에게는 사과, 배, 복숭아를 제외하고는 앵두, 살구, 대추, 곶감은 생소하여 입맛에 거리를 둔다고 합니다. 자연 그대로의 열매들보다 인공적이고 가공한 간식거리에 길들여져 있기 때문인가. 세월이, 세상이, 시대에 따른 새 입맛을 생성시키나 봅니다. 아니, 추억 어린 감나무가 없는 후손에게 저의 입맛과 추억을 주입시킬 도리는 없습니다.

나 혼자 하루하루
한 개씩 두 개씩 곶감을 꺼내 먹는다
곶감 즐기는 내 입맛은 여전히 살아있다
내 사랑 감나무들, 감나무 밭이 아련히 보인다

대물림되는 엄마와 딸의 대화

  저의 어머니, 제 딸의 할머니를 추모하는 오늘, 제가 엄마가 된 제 나이 이즈음 되는 오늘에서야 세상에서 가장 깊은 인연인 엄마와 딸 사이의 정겨웠던 옛 대화가 가슴을 울리며 저를 뉘우치게 합니다. 사랑으로 건네신 그 말씀들을 헤아리지 못하고 감사하는 마음 없이 핀잔주는 듯한 어조로 응답하였고, 새 지식에 대한 답답함을 풀어드리기는커녕 가볍게 흘려버리며 무시하기 일쑤였습니다. 노쇠함으로 인한 심신의 허약함과 무기력함을 나이 들면 그러려니 당연시하고 홀로 고독을 견디시는 하루하루의 시간을 바쁘다는 구실로 메워드리지 못했던 나날을 보냈습니다. 어머니가 딸인 제게 하시던 말씀, 그 말씀과 똑같은 말을 엄마 된 제가 딸에게 하고, 또 제가 어머니께 반응하던 그런 맥락의 답을 제가 저의 딸에게서 듣게 되는 일이 놀랄 만큼 신기할 정도입니다.

"밥 더 먹어라, 세끼 꼭 챙겨 먹고 다녀라"
못 먹는 시절도 아닌데 맨날 밥 더 먹으라고 하시네요. 알아서 먹고 지내니 걱정마세요.

"먹고 싶은 것 있을 때 실컷 먹어라. 늙으면 딱히 먹고 싶은 것도 없어지고 먹고 싶어도 넘어가지 않는다"
저도 벌써 별로 당기는 것이 없네요.

"춥겠다. 내복도 입고 따뜻하게 입고 다녀라"
내복을? 춥지 않아요. 알아서 입고 다니니 내 걱정마세요.

"오 솔레미오가 무슨 뜻이냐" "후니쿠리가 무어냐"
'오 나의 태양'이라는 뜻이고… 엄마는 몰라도 되어요. 너무 많은 걸 알려 하지 마세요.
— 애야, 요즈음 컴퓨터 활용 관련 질문하는 내게 돌아온 너의 대답이 비스름한 맥락이란다.

"온몸이 쑤시고 허리가 아프다, 눈이 침침하다."
저도 나이 들어가니 사방이 쑤시고 눈도 벌써 침침해가요.
— 어쩌면 그리도 엄마가 너의 할머니에게 답하던 똑같은 말을 네가 지금 내게 하는구나.

"지난 세월이 허망하고 바보처럼 산 것 같다"
엄마가 그런 말씀 하시면 안 되죠. 엄마는 바깥일에서 어느 정도의 성취감도 맛보셨고, 나름대로 자손들도 잘 자랐는데요.
— 일생 집안 살림에만 묻혀 사시던 어머니, 자손 잘된 것만으로 인생의 허망함이 채워질 수 있었을까, 각 분야에서 그 나름대로 유명한 자손들로 인해 오히려 집안에서 홀로 더 외로우셨을 것 같아 마음 아프구나.

"너 바쁜 것 아는데 안 와도 괜찮아, 엄마는 잘 있으니 걱정마라. 바쁠 터인데 얼른 전화 끊어라."

엄마, 별일 없으시죠? 요즈음 좀 일이 많아서… 그럼 또 전화 드릴 게요.

– 전화 드리면 늘 이렇게 말씀하시던 어머니, 그 말씀이 거짓스러운 표 현인 것을 이제야 알게 되었다. 그런데도 요즈음 네게서 전화가 오면, 내가 어머니 말씀하시던 대로 딸인 네게 똑같이 자동 응대하는 나를 발견한단다.

새로 놓인 경부고속도로를 타고 부산에 다녀오신 어머니는 고속 도로를 만든 대통령의 팬이 되셨습니다. 군사독재라고 언성 높이는 저에게 '넌 아직 어려서 세상 물정 몰라서 하는 소리, 세상 더 살아 보아야 안다'라고 하셨습니다. 세상을 제법 더 살아본 이 엄마는 조 금쯤 세상 살아온 딸에게, 너는 아직 세상 물정을 모른다고 하고 있습니다. 나라 없던 시절, 광복의 기쁨, 6.25, 그 이후 역사의 흐름 을 지켜보며 묵묵히 살아오신 어머니가 '좋은 세상이다, 우리 때는 상상도 못하던 세상이다', '너희들은 좋겠다'라고 하시던 어머니. 어 머니 세대를 이어 역사·사회·경제적 격동을 거쳐 특별한 자원 없 는 이 나라에서 오직 머리 굴리며 열심히 일한 덕분에 원조를 받던 나라에서 원조하는 나라, 세계 10대 경제 대국이 된 나라를 후손들 에게 물려주면서 엄마인 저 역시 딸에게 '좋은 세상이다, 너희들은 좋겠다'라고 합니다.

어느 봄날, 진달래꽃이 보고 싶다 하시는 어머니를 모시고 나들 이 갔을 때 차창 밖으로 진달래를 보시는 어머니의 모습은 즐겁고 행복하기보다 쓸쓸하고 아쉬운 내색을 하고 계셨습니다. '내년 봄에도 모시고 올게요'라고 하던 제게 지난 가을 화담숲의 단풍놀이 때 저의 딸에게서 '내년 가을에도 모시고 올게요'라고 하는 말을 듣게 되었습니다. 옛적 어머니가 저에게 하시던 말씀 그대로를 엄마가 되어 제가 딸에게 하고, 제 딸은 저의 엄마인 할머니께 제가 응대하던 말 그대로를 다시 제게 들려주고 있습니다.

어머니 돌아가신 날, 어머니를 기리며 떠올려 보는 단상 너머로 불현듯 발견한 사실, 이렇듯 엄마와 딸 사이의 대화가 '대물림'되고 있다는 사실에 화들짝 놀랍니다. 엄마와 딸의 대화는 대물림되어 갑니다.

진달래

24

세계가 주목하는 공 차는 여자들

2022년 3월 31일 세계 여자축구경기 역사상 최고의 관중기록이 나왔다고 합니다. 스페인 축구 클럽 바르셀로나 여자팀과 레알 마드리드 여자축구팀과의 경기에 9만 1,553명의 관중이 몰려들었고, 또 경기장을 메운 관중들이 의미 있는 메시지를 전하는

유럽여자챔피언스 리그 8강전

문구의 카드 섹션 응원을 한 것도 세계인의 이목을 끌고 있습니다. 반사적, 자동적으로 신바람이 나서 두루 국내외 통신들을 살펴보았습니다.

스페인에서 남자프로축구 최고 명문이며 라이벌 팀인 바르셀로나 대 마드리드 간의 맞대결을 '엘 클라시코'라 칭하여 왔는데, 이번에는 양측 구단의 여자축구팀이 2021－2022시즌 유럽축구연맹 여자챔피언스리그 8강전에서 맞붙게 되자 여자축구 엘 클라시코가 성사되었다고 합니다. 스페인 축구팬들이 흥분하고 있던 분위기를 타고, 바르셀로나 구단이 이 축구경기를 바르셀로나 남자축구팀의 경기장인 캄 노우 경기장으로 변경하고 적극 이 경기를 홍보한 것

이 여자축구 역사상 최고의 관중기록을 만든 가장 큰 요인이 된 것 같습니다.

보통 바르셀로나 여자팀은 훈련장소인 요한 크루이프 경기장에서 홈경기를 해왔고 평균관중은 2,938명에 불과했다고 합니다. 캄 노우 경기장은 스페인 남자축구 명문구단 FC바르셀로나 홈경기장입니다. 관중 수용인원은 99,354명이라고 하고, 유럽에서 가장 큰 축구 경기장이며 세계에서는 11번째로 큰 경기장입니다. 이 거대한 경기장에서 이번 경기를 하기로 결정한 바르셀로나 구단의 걱정도 적지는 않았을 터입니다.

그럼에도 경기장을 과감히 옮긴 바르셀로나 구단의 통 큰 결단도 대단하거니와 그보다 더 큰 치하와 감사의 박수를 보내고 싶은 것은 경기장을 가득 채운 관중들에게 'more than empowerment'라는 문구로 카드 섹션 응원을 하게 한 점입니다. 바르셀로나 구단은 이 카드 섹션을 통하여 젊은 여성들에게 꿈을 일깨우며 '무엇이든 할 수 있다'라는 영감과 메시지를 전하고 싶었다고 했습니다. 그러나 제게 이 메시지는 여자축구의 성장, 발전을 더욱 도모하려는 구호를 넘어 여성의 잠재력, 능력을 일깨우고 독려하는 천금 같은 메시지가 되어 놀란 가슴에 파다닥하고 불꽃이 튀었습니다.

이념, 지역, 노사, 세대 등의 갈등에 이어 최근에 불거진 성별 간의 갈등이 증폭되더니 여성가족부 존폐 또는 보완문제가 이슈화되고 있는 이즈음이어서인지, 스페인 바르셀로나에서 보여준 최고관중기록보다도 더욱 나를 감격시키는 것은 바로 이 메시지였습니다.

대립적, 투쟁적인 격렬한 페미니즘 논쟁을 삭이고 경쾌하고 즐거운 페미니즘의 현장을 보여줄 여성정책의 아이디어가 번개같이 떠오릅니다.

　정부 부처인 여성가족부를 비롯하여, 소속 정당을 불문한 여성 국회의원들, 그리고 성향(?)의 틀을 벗은 모든 여성단체, 우리나라 전 여성계가 총 연합하여 한국여자축구 경기장 관중석을 꽉 차게 메우고 열광적으로 환호하는 응원전과 함께, 담담하고 의연하게 이런 부류의 카드 섹션 응원을 계속적으로 펼쳐봅시다. 볼을 차고 땀 흘리며 그라운드를 누비는 선수들이 마침내는 국민들에게 나의 사랑스런 누나이고 동생인 여성이고, 장차는 사랑하는 누군가의 아내요, 어머니로 보이지 않겠나요? 남녀가 공존 공생하는 사회가 자연스럽게 국민들의 마음에 자리 잡게 되지 않을까요?

　수년간 올림픽에서 금메달을 휩쓰는 여자양궁팀과 여자쇼트트랙 선수들의 경기, 독보적인 김연아의 피겨 스케이트 경기, 또 '영미야'를 외치던 평창올림픽 여자컬링 경기, 그리고 드디어 지난 2월 여자컬링 국가대표팀이 세계선수권대회에서 한국 컬링 사상 최고 성적인 준우승을 차지한 경기 등을 지켜보며, 남녀 불문하고 온 국민이 하나 되어 열광하고 박수갈채를 보내던 그 시간들에 우리는 왜 그런 아이디어를 생각해 내지 못했는지가 아쉬울 뿐입니다.

　우리나라 여자축구팀도 이제 어느 정도의 궤도에 이르렀다고 할 수 있습니다. 1975년부터 시작된 여자 아시안컵 경기에 1991년부터 참가한 한국 여자축구팀이 2022년 2월, 드디어 처음으로 결승까지 올랐다가 중국에 역전패 당하여 우승을 놓치고 말았습니다. 나아가 여자 축구대표팀은 지금 2023년 7월 국제축구연맹(FIFA) 호주－뉴

질랜드 여자월드컵을 목표로 준비에 몰입하고 있습니다. 한국 여자 축구팀에서도 지소연은 첼시 FC 레이디스에서, 조소현은 토트넘 홋 스퍼 FC 위민에서 뛰고 있고 이금민, 이영주 등이 해외 여기저기에 서 뛰고 있습니다. 우리도 여자축구의 최다관중 기록을 세우고, 마 법의 역사를 만들어 봅시다. 그리고 환희와 축제의 장소에서 여성 문제를 펼쳐 봅시다.

우리 서로를 갈라서게 만드는 대한민국 갈등 감염병이, 성별로 인한 갈등 감염병으로까지 번져 우리를 쓰러트리기 전에, 우리 함 께 통합의 백신을 우선 여자축구 경기장에서 찾아내봅시다.

오! 꿈★이 이루어지기를!

25

'여성국제문화교류과정' 수료생 여러분에게 안부 인사를!
-사회교육대학원 특별과정 '여성국제문화교류과정'을 회고하면서-

'여성국제문화교류과정' 개설 경위

이웃에 있는 이른바 두 군데의 일류대학 특수대학원에 개설된 특별과정에 '유언과 재산상속'에 관한 인기 강사로 수년간 계속 초빙되던 중에, 어느 날 문득 제가 재직하고 있는 대학에는 이런 과정이 없다는 것이 자존심을 상하게 했습니다. 나름대로 며칠을 고심하며 마침내 독창적인 '여성국제문화교류과정' 아이디어를 구상하고 총장님과 면담을 했습니다.

① 사회교육대학원에 한 학기에 원칙적으로 1개 국가를 대상으로 그 나라의 역사, 정치, 경제, 사회, 문화 등의 영역에 관한 공부를 하고 학기 말경 그 나라를 문화탐방하는 특별교육과정을 둔다.
② 가능하면, 입학식 또는 수료식에는 해당국가의 주한대사를 축사 및 특강 강사로 초빙하고, 해당국가 탐방 시에는 해당국가에 주재하는 한국대사관을 방문한다.
③ 수강료(해외 탐방비는 별도)는 이웃 대학 특별과정의 7분의 1 이

하의 수준으로 할 것이고, 그렇다고 대학 측에 손해를 끼칠 일은 없을 것이며 대학의 홍보 등에 지대한 수익이 있을 것 등을 본인이 책임지겠다.

이러한 내용 등을 요약 정리하여 말씀드렸더니, 보고를 받은 총장님은 손을 절레절레 흔드시며 특별과정 학생 모집이 얼마나 어려웠는지를 본인이 총장으로 계셨던 서울대학에서의 경험담을 말씀하시면서, 하물며 우리 대학에서는 아예 어려울 것이니 공연히 사서 고생할 일 하지 말라고 적극 만류하셨습니다. 저는 우리 대학에서도 성공적인 특별과정을 운영할 수 있다는 것을 보여주겠다는 오기와 모험심까지 발동하여 학교 측으로부터 기어이 사회교육대학원에 '여성국제문화교류과정' 개설을 허락 받게 되었습니다.

'여성국제문화교류과정'의 성공적인 운영

그리도 염려하던 신입생 모집은 친구, 선후배, 친척 등으로 정원 40명 1기생을 순조롭게 모집할 수 있었고 다음 학기부터는 정원을 70명으로 증원하였는데, 나날이 인기가 폭등하여 학기마다 대기자가 늘어가면서 심지어 제가 재직하는 대학의 학원 이사장을 통해서 들어온 특별입학 청탁을 냉정히 거절하는 수준에 이르렀습니다. 마침내는 폭증하는 학생들을 수용하면서도 수강생들의 등하교(?)에 편리할 강남의 어느 유명 호텔 연회장으로 강의 장소를 옮겨서 제가 교수 정년에 이르기까지 8년간 정원 140여 명의 이 특별과정을 성공적으로 운영하였습니다. 학기마다 '여성국제문화교류과정'에 입학생들이 줄을 서게 되니, 제가 강사로 초빙되던 두 군데의 유명대

270

학에서도 이 특별과정과 유사한 과정을 개설하였고 몇몇 수강생들은 '여성국제문화교류과정'을 특허까지 내자고 주장할 때, 저는 특허를 낼 수도 없는 사안이지만 여성계를 위해서는 다다익선이라고 웃으며 받아 넘겼습니다.

그 후 타 대학의 유사 프로그램은 '여성국제문화교류과정' 프로그램을 뒤쫓아 올 수 없어서 이내 시들고 말았던 것으로 기억합니다. 풍문으로는 '여성국제문화교류과정'에 비하여 불만스러운 교과과정과 강사, 과중한 수강료와 학교 측이 강요는 않지만 학생들이 스스로 받는 학생 모집 및 후원금 스트레스 등 때문이라고들 하였습니다.

대학, 대학원의 주요 보직을 두루 거치면서도 저는 친히 이 과정의 주임교수로서 학기마다 교과과정을 짜고 해당 학기의 한국 주재 대사관은 물론, 그 국가에 관한 각 분야의 강의를 할 수 있는 최고의 교수, 전문가 등을 전국적으로 물색, 직접 섭외하였습니다. 외국여행을 취미 삼던 개인적 취향 덕분으로 어느 여행사에도 없는 특유한 외국문화탐방 일정을 직접 기획하였고 심지어 학생들에게 매주 고급스럽고 풍성한 간식을 제공하기 위한 간식 차림표까지도 정성껏 관여를 했습니다.

'여성국제문화교류과정' 수강생은 노소를 불문한, 전업주부는 물론 여성기업가, 여성정치인, 퇴직 여성교수 및 전문인이 많았고 남편 되시는 분들은 대기업 회장님 및 고위임원, 대학총장, 정치인, 변호사, 의사 등도 많았지만, 저는 연령, 학력, 본인의 직업이나 남편의 직위와 무관하게 학생으로 이름을 호명하였고 동등하게 학생 처우를 하였습니다. 출결석이나 특히 문화탐방 중에는 규율을 잡기에 조금도 부족함이 없을 정도로 참으로 배짱 좋게 주임교수 대학생간의 엄격한 규범을 가지고 지도하고 처신하였는데도 학생들은 대학원 학생답게, 저에게는 항상 정중하게, 그리고 학생 서로들 간에는 상호 학생으로서의 자세에 오히려 만족하면서 열심히 공부하였고 유익하고 즐거운 교육과정을 진행할 수 있도록 협력하였습니다.

돌이켜 보면, 저는 대학 측으로부터 한 번도 특별 수당을 받은 적이 없습니다. 오히려 제가 사적으로 통신비며 자동차 기름 값까지, 그리고 제 시간과 노력을 투자하며 8년이라는 긴 세월을 '여성국제문화교류과정'에 헌신적으로 투자하였는데, 이는 오로지 순수하게 제가 재직하고 있는 대학에서도 이런 특별과정을 성공적으로 운영할 수 있음을 보여주겠다는 고지식한 애교심과 사적 자존심의 발로에 기인했을 뿐이었습니다. 타 대학에 비하여 믿을 수 없을 정도의 저렴한 등록금으로 이 특별과정을 자체적으로도 호화롭게 운영하였고 대학 측에 조금의 금전적 누를 끼치지 않았음은 물론, 지금에서야 밝히지만, 대학의 홍보에는 물론 학생들의 자발적 도움으로 나름대로의 기부금을 대학 측에 전달하였습니다.

특별교육과정의 교육 효과

'여성국제문화교류과정'을 개설, 운영한 저로서는, 진정성 있는 교육과정은 교육기관에도, 교육을 받는 분에게도 실로 유익하다는 것을 실제로 체험하였습니다. 대학마다 특수대학원 과정에 이런 저런 분야의 특별교육과정을 운영하여 일반인들에게 새 시대의 새 지식과 지혜를 심어주고 아울러 대학 측으로서는 동문의 폭을 넓힘으로써 대학 재정에 보탬을 받기도 합니다. 수강생 중에는 이른바 명문대 출신도 많았고 또 대부분은 일류대학 대학원 특별교육과정들을 섭렵한 분들이었습니다만, 몇몇 수강생은 극단적으로 대학 자체도 다닌 적 없는 분도 계셨습니다. 수강생 중에는 드물게는 학력으로 ○○대학원 특별과정으로 기록하지 않고 ○○대학원 수료라고 기재하여 학력을 업그레이드 하려는 분도 없지는 않았습니다. 또 사업상 인맥을 넓혀서 나름대로 유익함을 더하고자 하는 경우도 있기는 했습니다. 그러나 사정이 어떠하건 간에 제가 본 대학원 특별과정 수강생 여러분은 열심히 출석하고 진지하게 공부하며 지식과 교양, 인격을 쌓으려 열과 성을 다하는 학생으로서의 최고의 자세를 보여주었습니다.

8년간 어느 대학의 어느 특별교육과정에 비교되지 않을 만큼 많은 인원의 프로그램을 성황리에, 성공적으로 직접 운영해 본 저로서는 대학원 특별교육과정이 비록 정규학력과정은 아니더라도, 수강생들은 나날이 지식과 품격을 갖춘 대학원생의 모습으로 성장, 발전해 갔고 대학 측에도, 수강생들에게도, 개인적으로나 사회적으로나 유익한 교육과정이며 그 교육의 효과가 지대하다는 확신을 갖게 하였습니다. 예를 들어, 8년 동안 16학기를 거치는 중에 스위스 문화탐방을 신청한 학생 수가 제일 많았습니다. 60명 가까운 인원이 스위스 문화탐방을 신청하였다는 보고를 받으며, 저는 순간적으로 우선 대형 버스 2대로 스위스 전국을 누비고 다녀야 한다는 점에 걱정부터 앞섰습니다. 무엇보다 지휘통솔(?) 및 안전관리, 그리고 호텔 및 식당 등에서의 질서유지, 화장실 문제, 시간관리 등을 염려하면서 스위스 문화탐방 참가신청이 유독 많은 이유가 감성적인 여성들이어서 아름다운 스위스를 탐하기 때문일 것으로 추측도 했습니다. 그러나 스위스 융프라우를 오른 후 각자의 소감을 발표할 때, 학생들은 험하고 험한 산악지대, 생활수단의 어려움을 극복하고자 외국에 용병으로 나가야 할 정도로 척박한 자연환경을 극복하고 일찍이 산악열차를 설치하여 세계의 관광객을 모은 스위스인의 지혜를 찬탄하는 등 강의를 통하여 들은 온갖 지식을 교환하는 모습을 보고 이러한 여성들이 있음에 우리나라의 현재의 발전이 있다고 느낄 정도로 저는 교육의 효과에 감동을 받았습니다. 또 50명이 채 안 되는 인원이 프랑스에 갔을 때도 마찬가지였습니다. 2대의 버스에 뒷자리까지 빡빡하게 앉아야 하는 좌석에 대한 불편함을 토로하기는커녕 서로 좌석을 양보하며 즐겁게 여행을 하고, 큰 인원을 일시에 수용할 수 없어서 매번 인근 몇 곳의 식당에 분산시켜 식사를 해야 하는 경우에도 서로 자기 팀이 갔던 식당의 환경과 음식 맛을 자랑하기 바쁘던 마음씨들에 저는 감탄을 했습니다. 어느 곳을 지나는 길에 벼룩시장이 있어서 20분 자유시간을 주었을 때도, 제가 부는 호루라기 소리에 어김없이 시간을 엄수해 주던 모습, 특히 프랑스, 영국, 바티칸 시국, 스페인, 네덜란드 등 각국의 박물관, 미술관을 중심으로 한 일정에서 다리가 붓고 발이 부르트도록 열심히 강의 시간에 듣던 현물을 보고 또 보고 하던 그 열심 어린 눈매들을 저는 아직도 생생히 기억합니다. 배움에 대한 열정, 배움의 효과가 극대화되는 문화탐방 길에서 대학원 특별교육과정의 교육의 효과는 누가 무어라고 해도 대학원 교과과정으로서 긍정적으로 수용되고 평가되어야 합당하다고 확신합니다.

다른 한편, 어른들의 순수함을 느껴보는 아름다운 시간도 있었습니다. 자칭 또는 타칭으로 '형제의 나라'라는 터키에서는 미리 초대 받은 가정에 2명씩 1박 2일을 보내는 프로그램을 기획하였습니다. 섭외한 가정들은 거의 터키 중상류층 가정이었는데, 그 중에는 엘 리베이터가 있는 집, 카 레이서를 꿈꾸는 7살 꼬마가 사는 집 등도 있었고 대부분이 상당규모의 기업가 가정이었습니다. 대접받은 저 녁식사와 아침식사 수준은 물론 각 가정으로부터 받은 선물이 장난 이 아닐 정도였는데, 유독 이때만은 초대받은 가정과 각자가 받은 선물을 서로 자랑하는 동안에 어느 가정에 배치 받지 못한 것을 아 쉬워하는 어린이 같은 순진함에 당혹감을 감출 수 없어 서로들 한 바탕 웃었던 기억이 납니다. 지난 북경 동계올림픽 입장식에서 조 선족 대표로 나온 한복(漢服)을 보고 양국 간에 논쟁이 있었는데, 북경을 중심으로 한 중국 문화탐방에서는 당시 조선족 출신 부총장 이 있는 북경 소재 중앙민족대학교에서 중국 56개 민족들에 관한 공부를 하면서 대학 박물관에 비치되었던 다소 누추해진 조선족 의 상을 보고 유명 한복(韓服)집을 운영하던 수강생이 우리 한복을 묵 묵히 기증품으로 보냈던 일, 또 수강생인 대기업 중의 대기업인 S 사 부회장 부인 덕분으로 문화탐방하는 국가의 대학에 대학원 특별 과정 이름으로 30대의 컴퓨터를 기증하였던 일도 떠오릅니다.

다시 만날 날을 기약하며

여성국제문화교류과정을 이렇게 성공적으로 마칠 수 있게 된 것 은 수강생 여러분 덕분이었습니다. 특별과정에서 배운 지식에 더하 여 각자가 터득한 해박한 지식과 교양이 어우러져 유익하고 즐거운 교육과정을 마감할 수 있었습니다. 실은 여성국제문화교류과정을 운영하면서 그 누구 보다 지도교수였던 제가 훌륭하신 강사님들의 강의를 통하여 전공 이외의 여러 분야에서 많은 지식을 얻었을 뿐만 아니라, 한결같이 일사분란하게 학생의 신분으로 지도에 따라주고 제 건강까지도 챙겨주던 학생들, 지금까지도 제게 소식을 주는 대학원 특별과정 수강생들에게서 저는 교육의 효과를 넘어 인간적 감동을 받게 된 경험에 감사하고 있음을 고백합니다.

또한 대학원 특별과정인 여성국제문화교류과정을 성공적으로 운영하고 극대화된 교육의 효과를 거둘 수 있게 된 데에는, 8년간 20여 개국에 관련한 강의를 위해 모셨던 강사님들의 전문적이고도 열정적 강의, 그리고 바쁘신 일정 중에서도 협조해 주신 우리나라 주재 각국 대사님들의 덕분이었습니다. 특별히 스위스 편에서 당시 주한스위스 대사는 '여성국제문화교류과정' 수강생들을 두 번이나 대사관에 초빙하여 만찬을 베풀어 주셨음에 감사를 드립니다. 벨기에 대사관, 러시아 대사관 등의 특별만찬도 잊을 수 없습니다. 외국 주재 한국대사관 중에서는 당시 아일랜드 주재 조태용 대사님의 정성어린 접대를 잊을 수 없습니다. 8년 동안의 문화탐방 길에서, 큰 소낙비 한번 조차 맞아본 적 없는 좋은 날씨 속에서, 또 사고 한번 없이 무사히 성공적으로 일정을 마치며, 우리 모두 그토록 많은 지식을 쌓고 오늘까지도 아름다운 추억을 남길 수 있게 된 일에 감사합니다.

교수 정년퇴직 후 다른 대학들에서 행정을 맡아 일하며 10년을 보내고 여유로운 시간을 만끽하려 했더니 COVID-19로 꼼짝 못하고 집안에 갇히게 되었습니다. 저와 여러분들에게는 천금, 만금, 백만금… 그 이상 소중한 세월 3년이 사라져가고 아직도 우리는 암울

한 세상에서 변종 코로나 사태를 두려워하고 있습니다.

그동안 졸업생 중 몇 분이 타계하셨다는 소식을 들었습니다. 그 모습이 눈에 어른거리며 가슴을 시리게 합니다. 우리는 후일 나이 들면 가까운 나라 문화탐방, 또는 온천여행이라도 가자고 약속했었습니다.

'여성국제문화교류과정'수강생 여러분!

코로나 사태가 진정되는 날, 추억의 날들에 관한 영상을 돌려보며 우리 모두 건강한 모습으로 웃음꽃을 피울 수 있도록 조심하고 또 조심하며 몸과 마음을 가다듬고 준비하시기 바랍니다.

여러분은 최고의 학생들이셨습니다!

추억은 아름다워요, 사랑해요, 여러분!

군(郡)의 체육회장후보가 '경영대학원 최고경영과정수료'를 '경영대학원 수료'로 학력 기재한 것이 후보등록 무효사유인가

김숙자(명지대학교 법과대학 명예교수·전 배화여대 총장)

대상판결   대판 2022.2.17. 2021다238032 선거무효 확인

1. 사건 개요

피고는 사적 자치단체인 강원도 정선군 체육회이다. 피고 선거관리위원회는 2020.1.경 초대 민선회장을 선출하기 위해서 선거절차를 개시하였는데 후보자 D는 후보자 등록신청서의 학력 란에 'E중학교 졸업/F대학교 경영대학원 수료'로 기재하고, 이력서에는 'E중학교 졸업'이라고 쓰고 바로 아래 칸에 'F대학교 경영대학원 수료'로 기재하였다. 그런데 D는 F대학교 경영대학원을 졸업하지 않았고, 정규학력과정으로 인정되지 않는 'F대학교 경영대학원 최고경영자과정'을 수료하였을 뿐이다.

이 사건 선거관리규정에는 회장 후보자의 학력에 관한 자격 제한은 없고, 다만 선거관리규정 제16조⑤2호는 '후보자 등록서류를 고

의로 조작하거나 중대한 사항을 거짓으로 작성한 것이 발견된 때'에는 그 후보자의 등록을 무효로 한다는 규정을 두고 있다. D는 회장에 당선되었는데, 다른 후보자이었던 A와 B가 D의 허위학력기재를 후보등록 무효사유로 하여 피고를 상대로 선거 무효 확인의 소를 제기하였다.

2. 대법원 판결의 요지

이 사건 선거관리규정이 규정하고 있는 목적에 반하여 후보자가 등록신청서에 최종학력을 거짓으로 기재하는 것이 허용된다면, 선거권자가 후보자의 자질과 적격성을 과대평가함으로써 투표에 관한 공정한 판단을 하지 못하게 되는 위험이 초래될 수 있다는 점, E중학교 졸업이 최종학력인 D가 후보자등록신청서의 학력 및 경력에 'F대학교 경영대학원 최고경영자과정 수료'가 아닌 'F대학교 경영대학원 수료'로 기재한 것은 선거권자로 하여금 D의 자질과 적격성을 과대평가함으로써 D에 대한 정확한 판단을 그르치게 할 수 있다는 점, 결국 D의 행위는 '선거권자의 공정한 판단에 영향을 미칠 수 있는 사항에 관하여 허위사실을 기재하는 행위'로서 이 사건 선거관리규정에서 정한 중대한 사항을 거짓으로 작성한 것으로 되어 후보자등록 무효사유에 해당한다.

3. 쟁점

(1) 대법원은 「선거에 출마한 후보자 등이 당선을 목적으로 허위사실을 공표하는 등 선거의 절차에서 법령에 위반한 사유가 있는 경우 그 사정만으로 당해 선거에 의한 당선이 무효가 되는 것은 아

니고, 이와 같은 법령위배의 선거운동으로 선거인들의 자유로운 판단에 의한 투표를 방해하여 선거의 기본이념인 선거의 자유와 공정을 현저히 침해하고 그로 인하여 선거의 결과에 영향을 미쳤다고 인정될 때에만 당선인 결정은 무효이다」(대판 2003. 12. 26. 선고 2003 다11837)라고 판시하였고, '선거의 결과에 영향을 미쳤다고 인정하는 때'라 함은 「선거에 관한 규정의 위반이 없었더라면 선거의 결과, 즉 후보자의 등록에 관하여 현실로 있었던 것과 다른 결과가 발생하였을지도 모른다고 인정하는 때를 의미한다」(대판 2020.11.12. 2018수5025)라고 판시하였다.

앞의 대법원판결들의 판시내용은 이 사건 대상판결에서도 기준이 되어야 할 것이다. 그렇다면 이 사건의 쟁점은, 당선자 D의 학력 허위기재 자체가 후보자의 자질과 적격성을 과대평가하게 하여 공정한 판단을 하지 못한 결과 선거인들의 자유로운 판단에 의한 투표를 방해하여 선거의 기본이념인 선거의 자유와 공정을 현저히 침해하였고, 나아가 허위기재가 없었더라면 후보자의 등록에 관하여 현실로 있었던 것과 다른 결과가 발생하였을지도 모른다고 인정될 수 있는지의 여부가 된다.

(2) 이 사건 대상 판결이 '선거관리 규정에 반하는 부당한 결과"라고 판시한 바가 과연 앞의 대법원 판례들의 기준에 비추어 합당한 판시인지를 판단하기 위해서는 좀 더 세밀하게 살펴 볼 필요가 있다.

1) 먼저 피고가 선거관리규정에서 후보자등록신청을 할 때 체육회장 후보자격으로 일정한 학력, 예컨대 대학 학력 졸업 이상자로 명시해 놓았다거나 또는 정규학력을 기재하도록 명시한 경우라면

이는 선거권자의 공정한 판단에 영향을 미칠 수 있는 사항에 관하여 규정하였다고 볼 수 있다. 따라서 D가 마치 대학 학력 이상의 정규학력자인 것처럼 허위로 학력을 기재한 것은 대상 판결이 지적하는 대로 선거관리규정에 바로 위반되었다고 할 수 있다. 그러나 이 사건의 경우 피고는 체육회장의 후보자격과 관련하여 특별히 학력에 관한 제한 규정을 둔 바 없으므로 D의 행위를 바로 대상 판결의 판시에 해당하는 행위라고 볼 수는 없다.

2) 다음으로, 후보자격으로서 학력 등에 관한 명시적인 제한 규정이 없는 경우, 이 사건에서와 같이 후보자가 허위의 학력을 기재함으로써 후보자 등록서류를 거짓으로 작성한 경우에는, 선거권자들이 그 학력이 허위 기재임을 안 경우와 이를 알지 못한 경우로 나누어 살펴보아야 할 것이다.

① 선거권자가 허위기재임을 알고 투표한 경우라면 허위기재와 선거결과와의 사이에 인과관계가 없으므로 무효사유가 된다고 볼 수 없을 것이다. 예를 들어 상대방이 학력을 속이는 것을 알고도 그래도 좋다고 혼인한 배우자는 혼인 후에 학력을 속였다는 것을 이유로 그 혼인을 취소할 수 없는 예와 같다.

② 문제는 선거권자가 허위기재라는 사실을 인지하지 못하고 투표하여 그 결과 당선된 경우이다. 이 경우는 '중대한 사유'로서 당선무효가 될 위험성이 높다고 생각하기 쉽다. 그런데 이 사건 기록을 보면 투표권을 가진 총 55명의 선거인단이 투표에 참여한 결과, D가 29표(52.7%), 원고 A가 11표(20%), 원고 B가 15표(27.3%)를 각 득표하여 D가 회장으로 당선되었는데, 선거인단 55명 중 49명이 법원에 D의 학력기재가 선거에 영향을 미치지 않았다는 내용의 확

인서를 제출하였다. D의 학력기재가 선거에 영향을 미치지 않았다는 사실 확인서를 제출한 49명이라는 선거인단의 수는 낙선자 A와 B의 득표수를 합친 수 보다 거의 두 배에 가까웁고, 당선자 D에게 표를 준 29명보다 20명이나 넘는 숫자이다. 또 총 선거인단이 55명인 것에 비추어 절대 다수인 49명이다.

이들 선거권자 49명의 학력기재가 선거에 영향을 미치지 않았다는 사실의 확인서는 후보 학력요건을 정한 바가 없는 이 사건 체육회장 선거에서, 선거권자들이 D의 허위학력 기재 사실을 알면서도 이것이 선거결과에 영향을 미쳤다고 볼 수 없다는 입장일 것이다. 왜냐하면 확인서를 제출한 선거권자들 가운데에는 이 사건 선거에서 A나 B에게 투표하고 D에게 반대한 선거권자들도 다수 포함되었기 때문이다. 따라서 D의 학력 허위기재 그 자체가 선거의 결과에 영향을 미치는 중대한 사유가 되어 선거 무효사유가 된다는 대상 판결의 판시 내용은 수긍하기 어렵다.

③ 공직선거법에는 정규학력을 벽보에 게재할 것을 규정(동법 제64조)하고 있는데 후보자 등이 단순한 경력이나 정규학력을 허위로 기재한 사실만으로는 처벌하지 아니하고, 그 허위사실을 일정 형식으로 공표하는 경우에 한정하여 처벌(동법 제250조)할 수 있으며, 나아가 그 당선의 무효는 당선인이 당해 선거에서 공직선거법에 위반된 죄를 범하여 징역 또는 100만 원 이상의 벌금형의 선고를 받은 때에 국한한다(동법 제264조). 2019년 국민체육진흥법 개정으로 정선군 체육회를 비롯한 전국 240여개의 지방체육회는 사적 자치단체로 되었으며 그 회장은 공직자가 아니다. 그런데 공직자 아닌 지역체육회장 후보가 단순히 학력을 허위기재한 사실만을 가지고 이를

바로 '중대한 사유의 기준'으로 보아 그 선거를 무효로 판시한 대상
판결은 사적자치단체장의 선거에 공직선거의 경우 보다 더 무거운
기준을 제시한 것이라고 아니할 수 없다. 대상판결은, 결국 D의 허
위 학력기재를 징역 또는 100만 원 이상의 벌금형에 처하는 것과
같은 평가를 하였다고 보여 진다.

4. 평석을 끝마치며

필자는 대학에서 교수, 그리고 총장직 등에 재직하면서 우리 국
민들의 배움에 대한 열망을 절실히 체감하였다. 경제적 어려움과
어떤 불가피한 사정으로 일정 정규학력에 이르는 교육을 받지 못한
분들이 나름대로 자기 분야에서 성공한 후 대학의 이른바 특별교육
과정을 통해서 그들의 배움의 한을 푸는 경우를 수 없이 보아왔다.
이러한 사정으로 학력 또는 경력사항에 대학원의 정규교육과정이
아닌 특별교육과정을 정규교육과정을 수료한 듯이 표시하는 경우
가 간혹 있는 것도 보았다. 이 사건을 보면서 학력 허위기재는 허
위사문서 작성행위로서 형법상 처벌의 대상이 아닐 뿐 아니라 공직
선거법의 적용을 받지 않는다는 점, 많은 대학이 운영하는 특별교
육과정도 고등교육기관의 엄연한 교육과정이며 다만 정규교육과정
이 아닐 뿐이고, 따라서 학력 란에 정규교육과정을 쓰도록 명시하
지 않은 이력서나 경력서 등에는 예를 들어 대학 경영대학원 최고
경영자과정 수료를 기재하여도 된다는 점도 여론(餘論)으로 적는다.
그들의 뼈저린 열망을 무시하고 차단하는 것 역시 정규학력을 거친
배운 자의 입장에서는 바람직하지 않다고 여겨왔기 때문이다. 한
편, 대학마다 특별교육과정 수료생에게 총장, 또는 특수대학원장

명의로 수여하는 교육과정 수료증을 주고 동문회를 구성하고, 대학의 간행물도 보내주며 도서관, 전산실, 각 연구소 및 연구센터 등을 이용할 수 있도록 하는 등의 대우를 한다. 이런 점에서 특별교육과정 수강생들이 정규학력과정과 특별교육과정을 거의 동일시하는 오해와 혼동이 생길 수 있다면 특별교육과정을 운영하는 대학으로서도 그 책임의 일부를 부인해서는 안 될 것이다.

이 사건 대상 판결이 오랜 동안 대학원의 특별교육과정을 지켜본 필자의 눈에 우연히 띄어 판례평석을 쓰게 되었지만, 필자는 냉철하게 이 사건의 기준으로 삼아야 할 종래의 대법원 판결들과 기타 법리들을 보다 세심하게 살피며 평석에 이르렀음을 밝힌다.

법학(민법)을 전공한 제가 교수로 정년퇴직한 지 13년이 됩니다. 13년 만에 법학자로 돌아가서 법률신문 2022년 5월 5일(목요판)에 올린 판례평석을 그대로 여기에 옮깁니다.

27

나의 꿈 부차트 가든

해외 출장이 잦은 저를 부러워하는 친구들에게 출장길은 여행이 아니라 고난의 대장정이라고 강조를 해왔습니다. 출장 업무 준비하랴, 집안일 정리 정돈하랴 몸도 마음도 고달프고 여러 명과 함께 가는 출장은 인간관계 잡다한 스트레스까지 겹쳐 고행길이 됩니다. 여름, 겨울 휴가 기간에 가족과 여행길에 오를 때면 외국 길에 눈이 밝아 여행사 이상으로 목적지와 일정을 순조롭게 작성하고, 몸소 가이드 역할에도 고단한 줄 모르고 신나게 진두지휘할 수 있습니다. 출장길이 그나마 가족 여행길에 유익한 점도 있었다고 날이 갈수록 깨닫게 됩니다. 방방 뛰며 열심히 살았으니 이제 자유로운 노후를 보내려 하는 중에 COVID-19가 어쩌면 그리도 정확히 제 앞길을 막습니까. 전업주부의 가사노동 가치를 실질적으로 체험하라고 집안 살림 때문에도 꼼짝달싹 못하게 저를 가두어 놓습니다.

사람 좋으신 사돈어른께서 치매 기운이 있으시다는 소식이 들려옵니다. 눈물이 나고 가슴이 철렁하며 안절부절못하고 종일을 보내다가, 저도 치매로 '나'를 잃을 수 있다는 두려움에 밤잠을 설쳤습니다. 며칠 동안 치매를 적군으로 만 가지 방어벽을 '쌓고 허물고'

를 계속했습니다. 마침내는 후손이 있고 저를 아는 이들이 있는 이 땅을 떠나자는 결론에 이르렀습니다.

그렇다면 어디로 떠날까. 비로소 찾아온 '나'를 위한 생활, 나머지 인생길을 즐겁고 행복한 시간을 보낼 수 있는 곳은 어디일까. 제가 본 세계 각 처소들을 하나하나 머릿속에 떠올려봅니다. 역사와 문화예술을 공부하고 즐기기에는 이집트, 이탈리아, 프랑스, 영국이 좋았습니다. 철학과 신학, 신화를 공부하기에는 그리스, 인도, 바티칸제국이 좋았습니다. 공부하기도 지겹고 더 공부할 수도 없는 나이가 다가오니, 공부하며 즐길 나라를 향한 사랑은 그만 멈춰야 한다는 이성적 판단이 결단을 내리게 합니다.

그곳, 바로 거기다! 캐나다 브리티시 콜롬비아주의 주도 빅토리아! 제가 즐겁고 행복하게 살다가 이 세상을 떠날 수 있는 곳이라는 생각이 듭니다. 냉철하게 그 까닭을 곰곰이 따져보며 스스로를 안정시켜봅니다.

그곳 빅토리아에는 부차트 가든(The Butchart Gardens)이 있습니다. 베르사유 정원은 귀족적이고 너무 단정합니다. 프랑스 빌랑드리 성의 정원은 숨 막히도록 조형미가 강합니다. 뤽상부르 정원은 가족적인 규모에 도시화 되어있습니다. 영국 로즈공원, 미국 오레곤주 포틀랜드의 워싱턴 파크 장미공원은 장미꽃이 거의 전부입니다. 네덜란드의 쾨켄호프 정원도 간혹 수선화 등이 있기는 해도 튤립만 그득할 뿐입니다. 파타야 농눅 빌리지는 너무 더운 기후, 꽃을 많이 볼 수 없는 정원이었

부차트 가든

부차트 가든

습니다.

부차트 가든! 석회암을 파내어 흉물스럽게 파헤쳐진 자연을 풀과 꽃과 나무, 그리고 숲을 만들고 분수를 넣고 연못을 만들어, 아름다운 자연으로 회생시킨 부차트 부인의 마음씨를 담고 있는 곳입니다. 제가 좋아하는 꽃과 수목과 물이 있는 산수화가 연상되는 곳입니다. 친근한 풀과 꽃과 나무들이 서로 엉키어 있어서 좋습니다. 지나치게 고급스럽거나 인공적이거나 규격적이 아니어서 좋습니다. 광활하고 웅대한 면적과 높낮이가 있는 그 정원은 보고 또 보아도 싫증이 날 겨를도 없이 새로움과 낯익음을 함께 발견할 수 있어서 좋습니다. 저의 영(靈)이 떠난 후에 관 위로 아름다운 꽃을 뒤덮어 주어도 꽃을 탐하고 꽃향기에 취해 행복할 저는 이미 이 세상에는 없습니다. 꽃을 보면서 즐거워하고 그 향기에 도취하는 제가 살아 있는 동안에, 매일 꽃과 함께 지내다가 세상과 이별하고 싶습니다.

빅토리아에는 유서 깊은 엠프레스(The Empress) 호텔도 있습니다. 영국 엘리자베스 여왕이 묵어간 호텔로 유명하고, 빅토리아에서 가

엠프레스 호텔

장 오래된 호텔로도 유명하고, 주 의사당 건축 설계 공모 당선자가 설계한 건물로서 주 의사당과 벗하고 있습니다. 위치상으로나 호텔 면면이 당연히 관광 명소가 되는 호텔이라는 점에 누구도 이의가 없을 듯합니다. 외벽을 메운 담쟁이덩굴이 감성을 자극하는 아름다운 엠프레스 호텔. 천장에 돌아가는 두툼한 대형 나무 조각 선풍기가 여전히 에어컨 대용으로 달려 돌아가고, 드문드문 놓인 영국풍 가구들이 고전과 현대를 고스란히 공존 조화시키는 그 호텔이 좋습니다. 또한 숙박 손님이 아니더라도 자유롭게 안팎을 거닐 수 있는 호텔, 이너 하버(Inner Harbour)에 정착한 요트와 배들이 보이는 애프터눈 티가 유명한 1층 티룸에 앉아 낭만을 즐길 수 있어서 더욱 좋습니다. 제게 소용도 없을 호텔 가게들의 갖가지 상품들을 둘러보기도 재미있습니다. 기묘하게 가꾸어 놓은 호텔 앞 정문 나무를 지나 3분 정도 직진하면, 항구에 정박한 수십 채의 요트와 배들이 눈 안에 떠다닙니다. 바다 한 번 보고 뒤돌아보면 호텔 정면의 아름다움이 눈에 안기고,

콜롬비아주 의사당

참전용사 기념비

그대로 오른편으로 몸을 돌리면 영국풍의 주 의사당이 조화롭게 서 있는 곳입니다.

빅토리아에는 고풍스럽고 아름다운 브리티시 콜롬비아 주 의사당도 있고, 바로 그 앞에는 캐나다 참전용사 기념비가 우뚝 서 있습니다. 영국 이주민이 자리 잡으면서 빅토리아 여왕의 이름을 따서 빅토리아라고 명명한 이곳. 브리티시 컬럼비아 주도(州都)는 현대 건물이 줄 잇는 벤쿠버가 아니고 빅토리아입니다. 주 의사당 건물이 한 세기를 훨씬 넘어 엠프레스 호텔과 더불어 조화롭게 관록을 뽐냅니다. 관광객이 줄 잇고 야경 또한 아름다워 주 의사당이라기보다 명실공히 관광명소입니다. 주 의사당 정면에서 보면 이너하버의 끝이 닿아 있습니다. 다시 고개를 돌려 오른편을 바라보면 엠프레스 호텔이 보입니다.

고개를 뒤로 젖히면 하늘이 있다
푸른 하늘과 바다, 그리고 땅 위에는 멋있고 아름다운 동료
엠프레스 호텔을 가진 주 의사당이다
나는 하늘과 바다, 주 의사당과 엠프레스 호텔을 왕래하며
수많은 관광객 인파 속에서 청하는 이들의
기념사진을 찍어 줄 수 있겠다
가끔 내가 살았던 대한민국 그 옛날이 그리워질 때는
6.25 전쟁에 참여한 분들을 위해 기념탑에 꽃다발 놓고
옛사람들을 그리워할 수도 있다

그 밖에도 빅토리아를 택한 까닭은 많습니다. 어쩌다 종이책 냄새

가 맡고 싶으면 들릴 수 있는 서점 '먼로스의 책들'(Munro's Books)이 있습니다. 부부가 경영하던 이 서점의 안주인인 앨리스가 2013년 노벨문학상을 타면서 유명해졌는데, 노벨상 수상 전에도 그녀의 단편소설들이 한국에서 소개된 바 있어서 낯설지 않을 것 같습니다. 세계 10대 박물관 중의 하나라고 하는 로열 브리티시 콜롬비아 박물관이 있으니 박물관 미술관 탐방 좋아하는 제게 즐거움을 더해 줄 것이고, 빅토리아가 대도시가 아니라 해도 남은 인생길 사는 동안 여기저기 기웃거리기에도 그 시간이 부족할 흥미로운 곳도 많을 것 같습니다.

주말이면 느지막이 일어나 아침 겸 점심을 먹을 맛집 'Blue Fox Cafe'도 알고 있고, 영국 이주민들 본거지답게 인기 있는 'Red Fish Blue Fish'에서 Fish & Chips도 먹고, 차이나타운도 있고 일식집은 물론 한국 음식점도 있으니 먹을 것 문제도 없을 것입니다. 캐나다 물가가 비싸다고 하지만 우리나라 물가도 이에 만만치 않아 식생활에 지장도 없을 것입니다. 게다가 빅토리아는 기후도 좋고 환경이 좋아서 미국·캐나다인들이 노년을 보내고 싶어 하는 곳 중의 하나라고 합니다. 주말의 노년 생활이 편리하고 유익할 수도 있겠습니다.

빅토리아로 가야겠다!

어디에서부터 무엇을 어떻게 준비해야 하나?

이민 수속부터 알아보아야 하나.

이 나이에 이민 허가를 받을 수 있을까.

아니, 먼저 부차트 가든에 문의를 하자!

제가 키워보고 손질해보고 어렸을 적부터 가까이에서 본 꽃과 나무들 이름을 나열하며, 꽃과 수목을 관리할 수 있고 또 주변의 휴지를 줍는 일까지, 저의 육신으로 일할 수 있는 날까지 부차트 가든 안에서 숙박을 하며 꽃 옆에서, 꽃을 보며 이런저런 노동을 하고 싶다고 이야기할 것입니다. 나이 때문에 주저한다면 혹은 숙박이 어렵다고 하면, 주 5일 출근, 자원봉사를 할 수 있는가를 문의할 것입니다.

빅토리아에 마지막으로 가본 때가 2013년이었습니다. COVID-19가 종식되는 날, 제가 제일 먼저 날아갈 곳은 바로 빅토리아 부차트 가든이 될 것입니다.

'나'를 잃은 제 모습을 후손들에게도, 저를 아는 이들에게도 보이고 싶지 않습니다. 그들에게 아픔을 주고 싶지도 않습니다. 떠나야 합니다. 일장춘몽(一場春夢)이 되지 않도록 매일 꿈을 꾸어야 합니다.

'꿈은 이루어진다'

저자소개

저자는 이화여대 법학과에 입학, 전체 최우수졸업으로 총장상을 수상하였고 동 대학원에서 법학석사 학위를 받았다. 연세대 대학원에서 법학박사 학위를 취득하면서 명지대학 법학과 교수로 임명받아 대학에서 학장, 사회교육대학원장 등의 주요보직을 역임하였다. 법학교수로 제자양성과 활발한 학술활동을 하면서도 법률구조법인 한국가정법률상담소 자원봉사 부소장으로서 일반인에게 생활법률교육을 하고 여성의 법적 지위향상을 위한 여성운동을 하는 등 국민의 법률복지 향상에 기여한 공로로 제31회 법의 날 국민훈장 목련장을 받았다.

저자는 법무부, 행정자치부 등 행정부와 가정법원, 서울시의 각종위원회의 위원으로서 활동하였고 강원도 동해시에서 태어난 서울 집 막내딸로 어린 시절을 보낸 강원도에 대한 애정이 대단하여 오랫동안 강원도 여성발전위원회, 지방소청심사위원회의 위원을 역임하였다.

명지대 교수를 정년퇴임 한 후, 용문상담심리대학원대학교 부총장을 맡아 신설 대학원대학의 각종 법규 및 제도를 정립하였고 2011년 3월 1일 배화여대 총장에 취임, 연임하여 8년간을 총장직을 수행하면서 2014년 한국을 빛낸 창조경영대상 수상, 김활란 여성지도자상을 수상하였다.

국제적으로는 미국, 일본, 중국 등의 대학, 여성계 등과도 교류하였는데, 특히 한·중 수교 이후부터 중국 연변대학 객원교수로 연변대학 법과대학 부설 가정법률자문소를 연길시에 개설하고 10년간의 운영비를 지원하였다. 중국 중앙민족대학, 북경대학의 객원교수 또는 특별연구원으로 깊은 학술교류를 하면서 중국의 정법대학, 무한대학 등 여러 대학으로부터 특강, 학술대회에 초빙을 받았다. 이러한 국제적 기반으로 저자는 세계여자대학총장 인물연구 총서에 선정되기도 하였다.

현재는 명지대 법과대학 명예교수로 판례평석을 비롯한 집필활동을 하고 있는 저자는, 한국사법정책연구원장을 역임한 변호사인 남편과의 사이에 세 명의 딸과 세 명의 손자를 두고 있다.

눈으로 보고 마음으로 걷다

초판발행	2022년 6월 30일
지은이	김숙자
펴낸이	안종만·안상준
편 집	전채린·이아름
기획/마케팅	조성호
표지디자인	BENSTORY
제 작	고철민·조영환

펴낸곳　　　(주) **박영사**
　　　　　서울특별시 금천구 가산디지털2로 53, 210호(가산동, 한라시그마밸리)
　　　　　등록 1959. 3. 11. 제300-1959-1호(倫)

전 화	02)733-6771
f a x	02)736-4818
e-mail	pys@pybook.co.kr
homepage	www.pybook.co.kr
ISBN	979-11-303-1563-8　03040

정 가　　　14,000원